南强儿童哲学丛书

厦门大学本科教材资助项目
厦门大学“十四五”精品教材建设项目

儿童哲学教育

案例式教程

厦门大学哲学系
南强儿童哲学研究中心 编著

曹剑波 黄睿 主编

江苏凤凰科学技术出版社 · 南京

图书在版编目（CIP）数据

儿童哲学教育 ：案例式教程 / 厦门大学哲学系南强儿童哲学研究中心编著 ；曹剑波，黄睿主编 . — 南京 ：江苏凤凰科学技术出版社，2024. 11. — ISBN 978-7-5713-4752-9

Ⅰ. G61-02

中国国家版本馆 CIP 数据核字第 20241JQ699 号

儿童哲学教育：案例式教程

编　　著	厦门大学哲学系南强儿童哲学研究中心
主　　编	曹剑波　黄　睿
责任编辑	刘文芳
责任设计编辑	孙达铭
责任校对	仲　敏
责任监制	周雅婷
出版发行	江苏凤凰科学技术出版社
出版社地址	南京市湖南路 1 号 A 座，邮编：210009
联系电话	（025）83657623
编读信箱	skqsfs@163.com
印　　刷	溧阳市金宇包装印刷有限公司
开　　本	718 mm × 1 000 mm　1/16
印　　张	17.5
字　　数	280 000
版　　次	2024 年 11 月第 1 版
印　　次	2024 年 11 月第 1 次印刷
标准书号	ISBN 978-7-5713-4752-9
定　　价	60.00 元

南强儿童哲学丛书

编委会

本书主编

曹剑波　黄　睿

本书撰稿人

（以撰写章节先后为序）

黄　睿　合斯来提·木合太尔　居昊祺　李筱彤

林　旭　刘培怡　曹剑波　汪　琼　邓永城　朱竟榕

张　娅　蔡朋冰　宋其恩　陈永宝　雷　歌　林　杰

中国博士后科学基金面上项目

“《庄子》儿童哲学思想研究”

（资助编号：2023M742930）

福建省本科高校教育教学研究项目

“哲学专业本科生‘全方位践行力’培养研究”

（编号：FBJG20220150）

福建省社会科学基金项目

“儿童哲学视野下中华优秀传统文化传承与创新研究”

（项目批准号：FJ2023BF075）

资助成果

儿童哲学教室设计的典型案例

杭州锦绣·育才中学附属学校儿童哲学教室

杭州锦绣·育才中学附属学校儿童哲学教室，是孩子们心中的“理想国”。这是一间可供 36 名学生分 6 组开展探究的儿童哲学教室。教室桌子较矮，外圈 18 名学生坐在小椅子上，内圈 18 名学生则在地毯和软垫上席地而坐，营造出亲切、轻松的气氛。进行小组讨论时，内圈 3 名学生和外圈 3 名学生组成一个小组。每个小组有一块专属的白板，可用于书写小组的探究记录。教室内还配备了发言球、计时器、计时铃、哲学书架等设备。墙上展示学生制定的儿童哲学活动规则及学生作品。

教室总体布局

教室内配备的发言球、计时器和计时铃

教室内展示的学生作品

教室内配备的哲学书架

南京时代双语学校儿童哲学教室

张艳艳、杨奕两位教师设计的南京时代双语学校儿童哲学教室由可移动的梯形课桌和靠背椅组成灵活的讨论空间。

教室总体布局

教室内的班级公约

为学生使用英文进行哲学讨论而设计的常用句型

教室后方的问题墙，收集学生感兴趣的问题

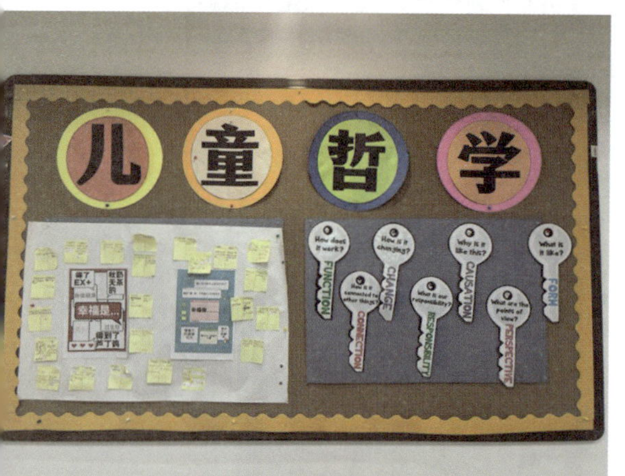

教室内展示的儿童哲学思考、讨论成果

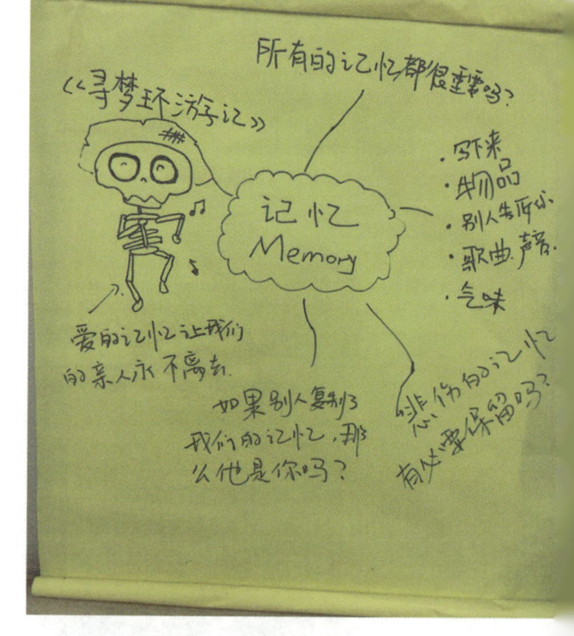

教室内展示的儿童哲学思维导图

上海尚德实验学校融合部儿童哲学教室

上海尚德实验学校融合部儿童哲学教室的布置基于学生每堂课的互动需求，教室内设有柔软的地垫，让儿童席地而坐，营造了轻松、舒适、富有安全感的交流环境，学生可以依托绘本等刺激物进行思考，从而碰撞出有关“幸福”“正义”等哲学概念的思维火花，在富有安全感的交谈中讨论思想实验与哲学问题，充分发挥主观能动性。教室由该校融合部小学儿童哲学团队设计。

教室总体布局

教室内的儿童哲学读物

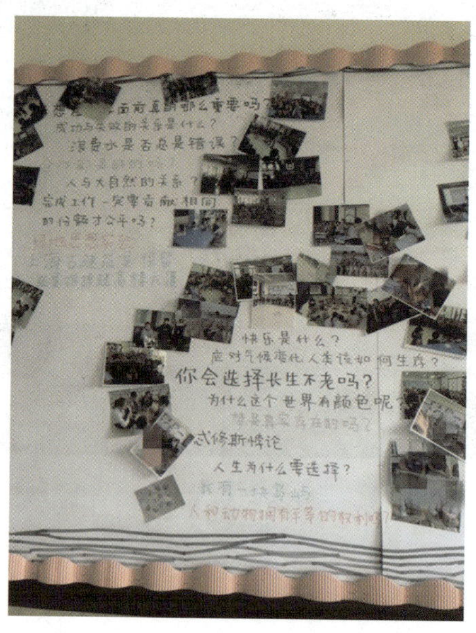

教室内展示的思考题和活动照片

序　言

我天生性格内向，喜欢独处，与人交流时都爱当倾听者。这使得我更喜欢“胡思乱想”。宇宙起源问题、人生意义与价值问题、生死问题都是我爱思索的问题。初中时，我最喜欢做联想游戏，放飞自己的思维，来一场思想的漫游。高中时，我经常在半醒半梦之时无缘无故地想到死亡，会想到死后躺在棺材中什么都不知道、什么联系都没有的恐怖情景。从洞庭湖农垦农场出来的我，当时根本不知道世界上有哲学这一领域。我的理科成绩很好，故而高考时我的第一志愿是数学，第二志愿是化学，第三志愿是生物学。最后我在大学学的是生物学。大学毕业回老家后，我教过中学，也教过小学，所教的课程有生物、数学、语文、化学等。一直工作了 9 年，历经 4 次考研，我才在 1999 年考上厦门大学哲学系外国哲学专业的研究生，并在 2002 年成为厦门大学哲学系首届博士生。读硕士期间，我发表了 20 多篇论文，涵盖除美学以外的哲学的其他 7 个方向。在厦门大学攻读博士学位的 3 年及在复旦大学从事博士后研究的 2 年里，我花费超过 5 500 小时撰写博士后论文《知识与语境：当代西方知识论对怀疑主义难题的解答》（2009 年由上海人民出版社出版）。读博士期间，我发表了 40 余篇论文，其中包括 15 篇 CSSCI（中文社会科学引文索引）期刊论文。2005 年留校任教后，我又涉足女性主义知识论、宗教知识论和实验知识论等新领域，并很快晋升为副教授、教授。2011 年，我获得“教育部新世纪优秀人才”称号。虽然我在知识论研究中有了不错的成绩，但知识论研究的琐碎化以及与生活的脱节让我开始寻找其他更有趣、更有意义的研究领域。这种开放的态度让我有缘进入儿童哲学的世界。

早在 2011 年底，我在台湾大学进行学术交流期间，就听说台湾一些大学在开展儿童哲学和死亡哲学教育。2016 年暑期短学期期间，我系有老师邀请了辅仁大学哲学系潘小慧教授给厦门大学的学生开设儿童哲学课程。当时我的兴趣并不在此，结果错过了这两次与儿童哲学相遇的机缘。

我对儿童哲学的最初兴趣，既源于对哲学毕业生就业的忧患意识，也源于教育我自己小孩的需求。在 2018 年担任哲学系主任后，哲学系学生的就业问题逐渐进入我的视野。儿童哲学既是哲学的一个分支，又是一种先进的教学方法。研究儿童哲学的学生，未来既有机会在哲学领域发展，也有机会在从幼儿园到高中的各级教育机构中任职。因此，提升哲学系学生的儿童哲学教育能力，就作为解决就业问题的一种可能出路，受到了我的重视。同年，我的儿子云帆出生，对他的教育培养也成为我从事儿童哲学研究的一大动力。

基于上述两种最初的动机，我带领学生以“做中学”的方式开始学习和践行儿童哲学，并深刻体会到其价值。儿童哲学不仅能成为学校里最受学生喜爱的课程，还可以很好地支持亲子教育、家庭教育，甚至有助于提升大学老师的授课水平。

近年来，为了实践儿童哲学，我花费大量时间指导学生开发课程，并带他们到实习基地上课、磨课、开发教材。尤其值得一提的是，2020 年秋季学期，我带领 13 位本科生、硕士生和博士生，在福建省厦门实验小学和厦门市故宫小学分别开设了 18 次和 16 次儿童哲学课。除了亲自上示范课，我还全程指导学生的选题、备课、授课，并且到现场听课、评课。2023 年 10 月，我带领团队成员共 6 人前往西安曲江第二小学，进行了为期一周的授课与教研活动，给该校四至六年级小学生开课 12 节次。作为哲学教授，每当与儿童一起做哲学时，我都会感到颇有收获，真正做到了教学相长。儿童哲学课经常让我很有成就感。

这些年来，在厦门大学和朱子学会的大力支持下，我从事的儿童哲学工作成果颇丰，其中值得一提的有：① 2019 年 10 月成立了厦门大学人文学院南强儿童哲学研究中心（简称南强儿童哲学研究中心）；② 2020 年起，厦门大学哲学系开始招收儿童哲学研究方向的博士生，现已招收 3 名，2021 年起开始招收儿童哲学研究方向的博士后，现已招收 2 名，他们成为全国高校中最早的一批儿童哲学博士、博士后；③指导厦门大学哲学系本科生获得 15 项国家级、省级、校级或院级的与儿童哲学相关的大学生创新课题；④建立了覆盖 5 市的 13 个儿童哲学教学实践基地；⑤在江苏常州连续 3 年举办了 2 个班的儿童哲学少年领袖营公益课，并在南京时代双语学校举办 3 期公益师资培训；⑥举办了 6 届全球汉语儿童哲学理论与实践公益暑期学校，开办了 150 多场儿童哲学讲座和展示课，培训了 1 200 多名儿童哲学种子教师，在线直播观看人次超过 20 万；⑦ 2024 年 7 月，发起并成立了朱子学会儿童哲学专业委员会（儿童哲学领域首个全国二级学会），担任首任会长。

儿童哲学是一场世界性的哲学践行运动和教育革新运动，每个国家都可以运用自身的文化传统和哲学智慧来丰富和发展儿童哲学。中国传统文化历史悠久，既可以为儿童哲学教育提供本土化的刺激物，又可以充实儿童哲学的理论基础。与此同时，儿童的哲学思考也不断启发我们以新的视角理解传统文化，实现中华优秀传统文化的创造性转化和创新性发展。自成立以来，南强儿童哲学研究中心便极为重视儿童哲学的中国话语，着力于中华优秀传统文化的儿童哲学课程开发。未来几年，我们将借用解释学的理论和知识论中的知识程度主义、语境不可错论和语境探究法，论证儿童的哲学知识探究的合法性、合理性。我们还将与学者和一线教师合作，进行“哲思课堂”系列成果的开发，让儿童哲学的精神、理念与方法融入中小学及幼儿园的各学科教学、家庭教育与社会教育中，使其成为全社会的共识和追求。

我相信，越来越多的教育工作者将会走近儿童哲学、尝试儿童哲学，越来越接地气的儿童哲学课程将会在中国文化的土壤里生根发芽、开花结果。

曹剑波

2024 年 7 月

前　言

儿童哲学既是哲学研究的一个领域，也是哲学走向大众、影响社会的一种重要实践。它主张“反思成人的儿童观与童年观”“与儿童一起做哲学”“倾听儿童自己的哲学思考”，并围绕这三大主张建构了一系列教育理念和教学方法。能体现上述主张、理念的教育活动，都称为“儿童哲学教育”。儿童哲学教育具有提升思维品质、促进道德发展、推动教育变革的作用，并能回应儿童深层次的精神需求。针对儿童哲学教育在我国快速普及并走向本土化的现实需求，本书充分吸收最新研究成果，全面总结一线教学经验，深度开发传统文化资源，是一部直接服务于儿童哲学师资培养和在职教师培训的案例式教程，可作为高等院校哲学、教育学等专业的教学用书和中小学儿童哲学教师的教学参考书。

本书上篇“理念与方法”分为五章。第一章概述儿童哲学教育的发展历程、价值意义和实现形态。第二章从制订课程方案、培育探究团体、建立评价体系三方面探讨了儿童哲学课程开发与教学准备。第三章从引入问题情境、开展探究对话和渗透目标意识三大要素出发，系统论述了儿童哲学课堂的教学过程。第四章从改善教师倾听、编织生生对话和维系情感氛围三方面介绍了促进儿童哲学探究深化的教学策略。第五章把当代知识论中的语境思维方法运用在儿童哲学教育中，为儿童的哲学思维培养提供前沿理论支撑。下篇“教案与课例”分为七章。第六到十章以成语故事、哲学游戏、中国哲学经典、西方哲学经典以及思想实验为刺激物展现五个儿童哲学教学设计案例，运用本书第二章的分析框架，对每个案例的问题情境、互动框架、目标意识进行详细叙写，并提供由专业学者撰写的哲学解读。第十一、十二章呈现基于“以德报怨”和“望梅止渴”成语故事的儿童哲学课堂完整对话记录，并对其中的课程设计要素和教学实施技巧进行解读和点评。

目 录

上 篇
理念与方法

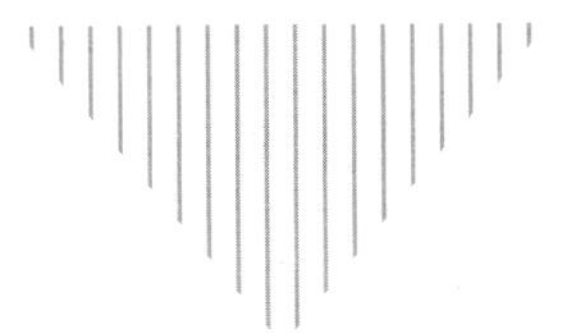

上篇

理念与方法

本书上篇分五章阐述儿童哲学教育蕴含的一系列理念与方法。理解这些理念和方法不仅是开展儿童哲学教育的前提，也会对中小学各科教学、班主任工作、心理辅导、学校管理、家庭教育等产生独特的启发。

第一章围绕儿童哲学教育“是什么”“有什么用”和“存在哪些形态”等问题，对儿童哲学教育的起源、特质、模式、效果及在我国的本土实践进行了介绍。

第二、三、四章围绕“儿童哲学教育怎么做”的问题，结合具体教学案例，层层递进地阐述。第二章探讨儿童哲学这门课程开设前的准备工作，包括制订课程方案、培育探究团体和建立评价体系三项内容。在课程的框架搭建好之后，第三章探讨如何组织好每一次具体的儿童哲学探究，包括引入问题情境、开展探究对话和渗透目标意识三大环节。在有效组织一次探究的基础上，第四章探讨教师如何运用一些较为高阶的教学策略来促进儿童哲学探究的深化，包括倾听学生发言、编织生生对话和维系情感氛围三种策略。

第五章关注语境思维方法在儿童哲学探究中的应用。语境思维的三原则、两步骤，可以帮助我们克服“每一种观点都正确”的误区，在思维的开放性和缜密性、包容性和精确性之间取得良好的平衡。

对于希望在自己的教育情境中尝试儿童哲学教育的读者，我们建议在开始设计一门课程前阅读第一、二章，在开始教学活动前阅读第三章，在积累了一定教学经验并进行自我反思的同时阅读第四、五章。读者无须将本书的教学建议视为教条，可以根据探究团体的具体情况做出调整，并且尽量倾听儿童对于教学过程的感受和建议，让儿童参与决策。

第一章

儿童哲学教育导论

“儿童也有哲学吗？”儿童哲学起源于对这个问题的肯定回答。虽然有些人觉得儿童没办法思考太复杂的问题，更不可能有哲学思考，但是在人类历史上，儿童一直是哲学活动的重要参与者。20世纪后半叶，李普曼（Matthew Lipman）、夏普（Ann Margaret Sharp）、马修斯（Gareth Matthews）等学者以儿童哲学来推动教育革新，并引发了一场世界性的运动。与其他学科或课程相比，儿童哲学的核心特质是聚焦哲学问题、开展团体探究（community of inquiry）和发展4C思维[①]。在这些核心特质基础上，不同的儿童哲学教育模式又发展出各自的特色，并在引入我国后开始了中国化的进程。实证研究发现，儿童哲学教育能够帮助儿童提升思维品质，促进道德发展，推动学校的整体教育变革，也能让儿童获得深刻的心灵愉悦和自我肯定。在我国当下教育环境中开展儿童哲学教育，可以采取独立设置课程、学科融合课程、校外课程、家庭哲学活动等形态。

第一节　儿童哲学教育的内涵

儿童哲学是哲学研究的一个领域，也是哲学践行的一种途径。作为一个研究领域，它主要探讨三大问题：“儿童/童年是什

---

① 关于4C思维，本书第9页有详细的解释。

么？”[①]“如何与儿童一起做哲学？”“儿童有什么样的哲学思考？”[②]与这三大问题对应，儿童哲学提出三大主张——“反思成人的儿童观与童年观”“与儿童一起做哲学”“倾听儿童自己的哲学思考”，并围绕这三大主张建构了一系列教育理念和教学方法。体现上述主张、理念和方法的教育活动，就是“儿童哲学教育”（philosophy for children，简称 P4C）。[③] 按照联合国《儿童权利公约》的规定，儿童指 18 岁以下的人，因此，学前幼儿、小学生和绝大多数中学生都是儿童。

为了充分理解儿童哲学的内涵，我们首先说明儿童哲学教育的起源，其次介绍其核心特点和多元模式，最后讨论儿童哲学教育在中国的普及与本土化。

一、儿童哲学教育的起源与初心

在人类历史的不同时期，都曾有哲学家在少年时代就开始了哲学活动，展现了哲学才华，如古罗马的爱比克泰德、德国的谢林、中国的王弼等。但是，历史上大多数社会都采取了一种轻视儿童、

---

① 针对这一问题的研究称为“童年哲学”（philosophy of childhood，简称 POC）。

② 针对这一问题的研究称为“儿童的哲学”（philosophy by children，简称 PBC）。

③ 有人将儿童哲学教育称为“与儿童一起做哲学”（philosophizing with children，简称 PWC）。这一名称背后的理念虽值得推崇，但其实际使用不如“P4C”那样广泛。也有人将基础教育阶段的哲学教育统称为“校园哲学”（philosophy in schools，简称 PIS）。总体而言，当前国内谈及儿童哲学教育时，仍以 philosophy for children 为最常用的翻译。刘晓东教授提出用“儿童哲学课”这一名称来指代儿童哲学教育，也是一种很好的方案，故本书根据语境交替使用“儿童哲学教育”和“儿童哲学课”两个名称。刘晓东 . 论儿童的哲学与儿童哲学课［J］. 苏州大学学报：教育科学版，2019（3）：51-59.

贬低儿童的儿童观，不能认识到儿童有做哲学的能力和需求，在设计儿童教育课程时偏重知识的枯燥记忆和技能的机械训练，很少允许儿童进行独立思考、发表自己的观点。

现代意义上的儿童哲学教育诞生于20世纪60年代末的美国。当时，哲学家李普曼发现学生、教师和行政人员都没能理性地思考社会议题，没能意识到在大学时进行思维教育为时已晚。在他看来，许多大学生在经历中小学阶段的灌输式教育之后，思维方式已经定型、僵化，失去了深度思考的能力。为此，李普曼辞去了令人羡慕的哥伦比亚大学教职，来到了新泽西州的蒙特克莱尔州立学院（现为蒙特克莱尔州立大学），以校园边缘的一辆拖车作为办公地点，艰难地启动了"面向儿童的哲学"（philosophy for children）——在中小学开设和教授哲学课的教育计划。[①] 李普曼坚决反对对儿童进行哲学知识或思维方法的直接传授。他认为，基于哲学话题开展的团体探究，对于发展学生的高阶思维技能（特别是审辩性思维、创造性思维和关怀性思维）才最有效。李普曼为儿童编写了一系列哲学小说（附有教师手册）作为教材。教材的主角是一群和读者年纪相仿的儿童。他们从生活经历中引出了各种深入的哲理探讨。阅读哲学小说，一方面激发着读者的好奇心和探究欲，另一方面也向读者示范着探究的态度和方法。[②]

儿童哲学的开发和推广也离不开夏普的功劳。夏普出生于移民家庭，从13岁开始就在自己生活的街区组织了一个"小学堂"，给

---

① 韦彩云．思维教育的一生：儿童哲学课程（P4C）之父李普曼生平述评［J］.新儿童研究，2020（1）：136-162.

② 马修·李普曼．教育中的思维：培养有智慧的儿童［M］.刘学良，汪功伟，译．上海：华东师范大学出版社，2023.

初中生进行课后辅导。在此过程中，她开发了一套受用终身的教学方法：将她学到的知识转换成学生可以理解的语言，将材料与学生的经验联系起来，并创建一个合作型团体，让学生互相帮助。[①] 在儿童哲学的发展过程中，李普曼更专注于行政和写作，而夏普则承担了更多的学位课程教学，以及在国内外传播儿童哲学的重任。由于直接与教师、儿童和研究生合作，夏普的写作通俗易懂，没有哲学或教育理论方面背景知识的读者也能理解。[②] 在她的研究中，将“探究”和“共同体”的概念转化为课堂实践和教育范式，成为探究式教学法的典范。[③]

同样被视为儿童哲学先驱者的哲学家马修斯，则出于略有不同的初衷走上了这条道路。作为研究古希腊及中世纪哲学的学者，马修斯发现哲学与公众的距离越来越远，因此他希望哲学能够以一种和蔼可亲的面目走进普通人的生活。在尝试与儿童一起开展哲学对话之后，他发现哲学既符合儿童的天性，也能够让任何一个有健全理智的成年人参与。[④] 马修斯批驳了皮亚杰认知发展理论的哲学基础，并在自己的生活与工作中记录下大量与儿童进行哲学对话的生动片段，从而在理论和实践上论证了儿童哲学教育的可行性。马修斯也发展出一系列与儿童一起做哲学的有效方法，尤其是他与儿童一起

①② GREGORY M R，LAVERTY M J. In community with Ann Margaret Sharp：Childhood，philosophy and education［M］. London & New York：Taylor & Francis Group，2018：2.

③ KENNEDY D. Ann Sharp's Contribution：a conversation with Matthew Lipman［J］.Childhood and Philosophy，2010，6（11）：15-16.

④ 高振宇．儿童哲学的再概念化——对李普曼与马修斯“对话”的再思考［J］.学前教育研究，2010（6）：8-11，24.

创作、改编故事的方法，仍值得当代的儿童哲学教育者借鉴。[①]

现在，在李普曼、夏普和马修斯等先驱者的推动和世界各地学者、教师的积极响应下，儿童哲学教育已经成为一个被人认可的学术领域和教育项目，在许多国家和地区都建立了具有影响力的组织。[②]

二、儿童哲学教育的核心特质

许多人会问：儿童哲学教育究竟与现有的语文、数学、英语等课程有什么区别呢？其实，儿童哲学课与其他课程既有区别又有联系。它既是一门课程，也是一种教学方法，更是看待教育的一种新思路和新视野。我们可以从以下三方面来看待这些区别和联系。

1. 聚焦哲学问题

儿童哲学所探讨的一定是具有哲学性的问题。有学者将儿童哲学所探究的问题归结为五类：一直追问到本原的问题、探寻事物第一原因的问题、涉及概念本质属性的问题、能从本原上对某些“评判标准”进行反思的问题、涉及相互依赖的成双成对的概念的问题。[③]上述五类问题不一定都是专业哲学家所研究的问题，但都具有一定的抽象性、批判性和反思性，需要站在相对较高的层面上思考，

---

① 马修斯的研究参见以下著作：
加雷斯·B. 马修斯 . 哲学与幼童［M］. 陈国容，蒋永宜，译 . 北京：生活·读书·新知三联书店，2015.
加雷斯·B. 马修斯 . 与儿童对话［M］. 陈鸿铭，译 . 北京：生活·读书·新知三联书店，2015.
加雷斯·B. 马修斯 . 童年哲学［M］. 刘晓东，译 . 北京：生活·读书·新知三联书店，2015.

② 高振宇 . 儿童哲学导论［M］. 桂林：广西师范大学出版社，2020：6-7.

③ 王海澜 . 儿童的哲学：概念思考及哲学性问题特征分析［J］. 上海教育科研，2019（11）：44-47，37.

穷根究底地探问事物的第一原因和原理。还有学者将问题分为“有定论”型（有确定的规则来判断正确答案）、“无定论”型（主要是关于个人好恶的问题，每个人可以有自己的答案）与“有争论”型（答案有高下优劣之分，需要为答案寻找证据、进行论证），哲学探究的主要对象则是“有争论”型问题。[①]不过，有些问题对于有专业知识的成年人来说是“有定论”的，在一定年龄段的孩子那里则会变成“有争论”的（如“0为什么不能当除数”这样较深奥的数学问题）。在儿童哲学课上，儿童自发提出的问题也并不全是哲学问题。只是在师生的共同努力下，“有定论”的事实性问题可以很快得到解答（或采用查阅图书资料的方式解决），“无定论”的个人喜好问题留给每个人自己判断，整个课堂会不断地向最吸引人的“有争论”型问题（即哲学问题）聚焦。

2. 开展团体探究

涉及哲学问题的教育，如果用灌输、背诵的方式来开展，依然不能称为儿童哲学教育。儿童哲学教育以团体探究为核心方法。团体探究有三个基本特征：①用刺激物[②]引发学生自主提问，尊重儿童提出问题与选择问题的权利；②营造安全的情感氛围，生成高质量的生生对话；③教师扮演探究的组织者、记录者和促进者角色。注重“学生问、学生答”的团体探究，既不同于“教师问、教师答”的灌输式教学，也不同于“教师问、学生答”的启发式教学，还不同于“学生问、教师答”的《论语》式教学。尽管团体探究这

---

① 理查德·保罗，琳达·埃尔德．像苏格拉底一样提问［M］．张广龙，译．北京：外语教学与研究出版社，2016：18-22.

② 刺激物（stimulus），也称启动文本，就是能刺激儿童产生好奇心和探究欲的材料。关于刺激物，本书第三章第一节有详细的解释。

样一种教学策略可以用于哲学以外的一切问题（如科学、艺术、数学等），但它源于儿童哲学领域，也在儿童哲学领域中最早、最充分地展现其光芒四射的魅力。

3. 培养 4C 思维

儿童哲学以思维发展和社会情感学习为一体两翼的目标，具体来说体现为审辩性思维（critical thinking）、创造性思维（creative thinking）、关怀性思维（caring thinking）和协作性思维（collaborative thinking）四个方面，合称 4C 思维。需要注意的是，儿童哲学能培养思维，并且以思维发展为重要目标，但并非一切培养思维的课程都等于儿童哲学。人类的思维既有确定条件下的推理，也有不确定条件下的推理。有些思维课程是在思维的前提、边界、规则和方法高度确定的情况下对儿童进行思维训练，对于发展儿童的推理能力的确有很大帮助。儿童哲学教育则是在思维的前提、边界、规则和方法高度不确定的条件下进行的，所训练的思维层次更加高阶，因为它要求儿童思考时对前提、边界、规则和方法保持开放性和批判性，敢于质疑既定前提、突破思维边界、创设合理规则、超越传统方法，并且勇于接纳思考过程中由于不同的价值观、经验、观感和偏好所导致的复杂性。

从以上三方面我们可以看出：儿童哲学教育与学科课程并不是互斥的关系，任何一个学科中都蕴含着哲学问题，都有可能开展团体探究，都有机会培养 4C 思维。因此，任何一个学科都有可能在某个教学环节上与儿童哲学深度融合。

三、儿童哲学教育的多元模式

在儿童哲学教育的发展过程中，基于教育观、哲学观、儿童观和现实情境的差异，发展出多种课堂教学模式，可能给人以纷繁复杂的感觉。其实，这些模式都具有上述三个核心特质，即聚焦哲学问题、开展团体探究、培养4C思维；这些模式的差异则体现在刺激物、探究问题或优先目标的选择上。

1. 不同的模式在刺激物的选用上有所不同

刺激物是刺激儿童产生好奇心和探究欲的材料。李普曼的儿童哲学教材以专门编写的哲学小说为刺激物。这种小说的文学性不足，不容易引起儿童的兴趣，在教学目标上过度侧重于体现西方哲学传统中的重要问题与概念，对儿童自身生活中生发出的好奇与困惑关注不够。后来的各种模式都突破了这一框架，采用了绘本、寓言、传统故事、游戏、动画片等丰富多彩的刺激物，取得了很好的效果。其中最有代表性的就是夏威夷儿童哲学（philosophy for children Hawaii，简称 p4cHI），主要倡导者是美国夏威夷大学哲学系的杰克逊（Thomas Jackson）。杰克逊区分了大P哲学（即哲学家的哲学思想）和小p哲学（即每个人自己的哲学思想），认为儿童哲学教育应当侧重于小p哲学，允许学生从刺激物中引出对自身信念的探讨与反思。既然如此，刺激物就无须选用专门编写的哲学小说，反而可以选用生活中真实发生的事，或贴近儿童生活的各种文本。

2. 不同的模式在“由谁来提出问题”和“由谁来选择问题”上有所不同

根据“由谁来提出问题”，可将儿童哲学探究模式划分为开放式和结构式两大类。开放式探究主要由学生提出问题，教师以不同方式参与问题选择的过程。其中，夏威夷儿童哲学完全由学生提问、由学生投票选择要讨论的问题，教师使用 WRAITEC 优秀思想家工具包来帮助儿童提问[①]；斯坦利（Sara Stanley）主张在学生提出问题后，先由教师依据概念关系对问题进行分类、整理和澄清，然后进入讨论[②]；麦考尔（Catherine McCall）的CoPI（Community of Philosophy Inquiry，哲学探究共同体）模式则在学生提问之后，由教师来选择问题[③]。相比之下，结构式探究则由教师预先根据刺激物提出一系列环环相扣的哲学问题，而不安排学生自由提问的环节。如沃利（Peter Worley）在其编写的教材中明确表示自己"选择指令性较强的任务问题，避免民主选题，力求到达预设好的思想实验哲学论坛"。[④]

3. 不同的模式在教育目标的侧重点上有所不同

法国学者帕斯托里尼（Chiara Pastorini）根据教育目标的不同，整理出儿童哲学教育的四个主要流派："哲学"流派偏重思想训练与哲学推理；"公民教育"流派着重帮助儿童理解公民社会下每个人的政治责任和政治参与；"心理分析"流派将重点放在儿童对于自我的认识上；"全人教育"流派（也称为"哲学—创作"流派）则让儿童在"身体和心灵"以及"感官和理性"的融合中整体地认识自我。[⑤]

---

① 冷璐．夏威夷儿童哲学的实践模式［J］．陕西学前师范学院学报，2018，34（10）：29-34，47．关于WRAITEC优秀思想家工具包，本书第三章第二节有详细的解释。

② 萨拉·斯坦利．3—11岁儿童思维游戏［M］．夏素敏，译．北京：中国轻工业出版社，2020：205．

③ Cassidy C. Questioning children［J］. Thinking：The Journal of Philosophy for Children，2012，20（1/2）：62-68.

④ 彼得·沃利．帮助孩子发展思维［M］．李爱军，译．北京：中国人民大学出版社，2016：21．

⑤ 夏拉·帕斯托里尼，博佳佳．儿童哲学工作坊：35堂给孩子们的哲学课［M］．赵德明，译．台北：联经出版社，2021：15．

我国儿童哲学教育者对于上述各种模式，可以采取兼容并包的态度，针对不同教育情境运用不同模式，吸收各家各派的长处。

四、儿童哲学教育的中国化

自儿童哲学教育诞生以来，世界各地的实践者就致力于将其与本土文化传统和教育情境相结合，例如美国犹太人社群就开发了基于希伯来传统“米德拉什”（midrash）解经方法的儿童哲学读经课程。[①] 儿童哲学引入我国后已有长足发展，南强儿童哲学研究中心、思考拉儿童哲学研究中心等多个专业研究机构相继成立，译著、专著出版了数十部，期刊论文年发表量达到百篇以上；《新儿童研究》等学术期刊创办，国外成果的引介逐渐转向本土化的探索，“儿童哲学中国化”成为热点课题。要进一步推动“儿童哲学的中国化”，需要从三方面入手：进一步建构基于中国传统智慧的理论框架；设计具有中国哲学特色的实践模式；开发基于中国传统文本的课程资源。[②]

1. 儿童哲学教育理论基础的中国化

儿童哲学教育的理论基础，主要指的是教育者怎样看待哲学、看待儿童、看待教育的问题。中国哲学自古就有注重践行、贴近大众的优点，与儿童哲学教育十分契合。中国思想中崇尚童心、童年的“赤子之心”传统，肯定儿童思考能力的观念[③]，都是儿童哲学教育的文化土壤。

---

① GREGORY M R，HAYNES J，MURRIS K. The Routledge International Handbook of Philosophy for Children［M］. Abingdon & New York：Routledge，2016：212–220.

② 高振宇. 中国儿童哲学研究三十年：回顾与展望［J］. 教育发展研究，2019，39（Z2）：70–79.

③ 例如，《庄子・徐无鬼》中黄帝向牧马童子请教治天下之道的故事，《列子・汤问》中孔子被两个孩子难倒的“两小儿辩日”寓言，等等。

2. 儿童哲学教育实践模式的中国化

在中国哲学的历史上，师生之间、生生之间的平等对话一直是一种重要的探究方法，学思结合、知行合一的学风也能弥补西方儿童哲学教育的不足。例如，孔子对话教学中对“无知”精神的秉持、对主动独立思考的强调、对相互学习的重视，可以用于重构儿童哲学的探究团体策略[①]；墨家典籍中的三种提问策略、五种回应策略也可运用于儿童哲学[②]。从马克思主义哲学的角度来看，儿童哲学对话中培养的哲学思维是一种辩证思维，与片面、独断、绝对、静止的观念格格不入，用联系的、动态的、发展的、历史的观点审视生活、反思自我、升华认识、领悟真谛。[③]对话中，教师可以通过语境思维的引领，帮助学生学会“具体问题具体分析”，将辩证法的思想应用于各种具体问题。因此，儿童哲学教育也能为学生在中学、大学阶段学习马克思主义哲学的基本原理打下良好基础。

3. 儿童哲学教育课程资源的中国化

儿童哲学课可以成为中华优秀传统文化传承、创新的重要阵地。在中国文化传统中，许多成语故事、神话、寓言、俗语、诗词等都包含了哲学讨论的空间。春秋战国百家争鸣的许多论题更是天然地适合作为刺激物来使用。到目前为止，学者与教师已经开发出基于《论语》《孟子》《庄子》等经典文本的儿童哲学课程，并取得了良好

---

① 高振宇. 孔子对话教学视野下儿童哲学探究团体的重构与创新［J］. 教育发展研究，2018，38（Z2）：65-73.

② 韦展勋. 以墨家思想中的“对话”论儿童哲学实践中的问与答［J］. 哲学与文化，2022（10）：101-116.

③ 李庆明. 儿童哲学启蒙：培育思维的“花中之王”［N］. 中国教育报，2023-06-08（7）.

的效果。[①] 本书也收录了多个基于传统文化的教学案例。儿童哲学理念和方法为中华优秀传统文化的传承、创新带来了两个重要的转向契机：一是从“向儿童传递文化”转向“由儿童传承文化”，二是从“为儿童而创新”转向“与儿童一起创新”。基于传统文化的儿童哲学探究，让中华优秀传统文化不仅成为儿童的自觉文化认同，更成为发展创新思维、培养创新人才的土壤。

第二节　儿童哲学教育的作用

“儿童哲学课有什么用”是儿童哲学教育者经常面对的疑问。提出这个问题的人，往往将儿童哲学教育理解为“把专业的哲学知识拿来教给儿童”，由此就会萌生一系列疑问：哲学有什么用？哲学那么枯燥无聊，孩子怎么可能感兴趣？哲学如此深奥难懂，孩子又怎么可能听得懂？即使他们感兴趣，也听得懂，但哲学与考试无关，无法提高孩子的成绩，在这个意义上它也是“没用”的！

因此，面对“儿童哲学课有什么用”的疑问，我们首先要明确儿童哲学教育不是教授哲学知识的课程，而是借由哲学探究发展学生各项思维能力、社会情感能力的一门课程。其次，这门课程的方法论可以进一步应用于各门学科、各类德育活动或者师生、亲子沟通的过程，从而推动学校内外全方位的教育变革。最后，儿童哲学教育也是对儿童深层次需求的直接回应。

① 王清思．你说，我说，孔子说：当儿童读经遇上儿童哲学［J］．哲学与文化，2017，44（12）：37-57.

黄睿．《庄子》浑沌寓言的儿童哲学诠释：差异伦理与多元他者的视角［J］．哲学与文化，2022，49（10）：79-100.

一、提升思维品质

国外学者在 2004 年对 10 份有控制组、采用了常模参照测试的实验研究进行了综述，发现在这些研究中，儿童哲学课程对于中小学生的阅读、推理、认知等能力有十分稳定的中等程度的提升效应（效应量 *ES*=0.43～0.59）。[①] 对 2002—2016 年发表的 10 项新研究的综述也显示：儿童哲学课程对儿童认知能力有中等程度的正向作用（*d*=0.58），对推理能力的提升效应则特别明显（*d*=1.06）。该综述也发现，儿童哲学课程在非西方国家实施的效果比西方国家更好；采取小班教学的效果比大班更好。[②]

思维品质是核心素养与各学科学习能力的基础，因此儿童哲学自然也能直接促进学业成绩的提升。2017 年英国一项基于 48 所学校的大型实验研究显示，为期一年的儿童哲学课程对全校学生的阅读（*ES*=0.12）、写作（*ES*=0.03）、数学（*ES*=0.10）成绩有正面的作用，而且对贫困儿童的效应更大（阅读 *ES*=0.29、写作 *ES*=0.17、数学 *ES*=0.20）。[③] 由此可见，儿童哲学课程也有助于促进教育公平。

二、促进道德发展

儿童哲学课程不仅促进认知发展，也能改善儿童的行为表现、社会技能和情感态度，是德育的重要途径之一。2019 年在英国 42 所小学面向 2 722 名学生开展的准实验研究表明：接受了一年半儿

① TRICKEY S，TOPPING K J. ‘Philosophy for children’: a systematic review［J］. Research Papers in Education，2004，19（3）: 365-380.

② YAN S，WALTERS L M，WANG Z，et al. Meta-analysis of the effectiveness of Philosophy for Children programs on students’ cognitive outcomes［J］. Analytic Teaching and Philosophical Praxis，2018，39（1）: 13-33.

③ GORARD S，SIDDIQUI N，SEE B H. Can ‘Philosophy for Children’ improve primary school attainment？［J］. Journal of Philosophy of Education，2017，51（1）: 5-22.

童哲学教育的学生在社会技能、沟通技能、团队合作、毅力、共情等非智力因素上相较于对照组有所提高，且相对贫困的儿童获益更多。该研究中，学校教师们观察到，儿童上了哲学课后，不仅在哲学课上提问和发言更有自信，在其他课上也变得更自信了。[①]

表 1-1 儿童哲学对学生的影响（研究综述）

研究问题	研究结论关键词	具体关键词
儿童哲学对于学生有什么帮助	1. 高阶思维	推理技能 审辩性思维 创造性思维 类比能力 概念运用能力 提问能力 决策能力 评估能力 反思能力
	2. 公民素质	不给人贴标签 相互尊重 关注社会正义
	3. 举止文明	
	4. 热爱思考	
	5. 情感安全	

对 2016—2020 年发表的 15 篇论文的综述显示（表 1-1），研究者发现儿童哲学课程不仅促进了儿童的高阶思维，也提升了公民素养

① SIDDIQUI N，GORARD S，SEE B H. Can programmes like Philosophy for Children help schools to look beyond academic attainment？［J］. Educational review，2019，71（2）：146-165.

（如不给人贴标签、相互尊重、关注社会正义等），让儿童的行为举止更文明、更热爱思考，并且创造出了更加安全的集体情感氛围。①

三、推动教育变革

儿童哲学教育既是一门“科目”，也是一种“方法”。它可以作为尊重儿童的方法、探究观念的方法、学科教学深化的方法和学校教育重建的方法，运用在教育变革的各种场景中。② 家长、教师、学校都可以通过引入儿童哲学，建立倾听儿童心声、尊重儿童思考、组织团体探究的工作习惯，从而大大改进亲子沟通、班集体建设、德育课程、团队活动、课堂教学和学校管理的质量。研究表明，参与儿童哲学项目 6 个月后，教师在课堂上的说话时间占比从 59% 下降到 44%。③ 研究者观察到，上儿童哲学课的经历也改变了教师在教其他课时的教学方法，对学生的访谈也证实了这一点。④

儿童哲学尤其有助于学科教学的改进。与学科教学融合后，教师可以用“做哲学”的方法来取代灌输式的授课，带领学生对学科的问题、知识、框架等进行反思，让学生进入“做语文”“做数学”“做科学”的活动中，实现对学科知识的深度学习。⑤

---

① AB WAHAB M K，ZULKIFLI H，ABDUL RAZAK K. Impact of Philosophy for Children and its challenges：a systematic review［J］. Children，2022，9（11）：1671.

② 程亮．儿童哲学：从“科目”到“方法”［J］．华中师范大学学报：人文社会科学版，2023，62（2）：171-179.

③ TOPPING K J，TRICKEY S. Impact of philosophical enquiry on school students' interactive behaviour［J］. Thinking Skills and Creativity，2007，2（2）：73-84.

④ TRICKEY S，TOPPING K J. Collaborative philosophical enquiry for school children：Participant evaluation at eleven years［J］. Thinking：The Journal of Philosophy for Children，2007（18）：25-34.

⑤ 刘学良．儿童哲学改进学科教学的原理与路径［J］．华中师范大学学报：人文社会科学版，2023，62（2）：180-188.

四、满足儿童需要

以上指出儿童哲学所具有的各种功利性作用，主要是为了回应“儿童哲学课有什么用”的质疑，说服更多教育者加入关心、支持、开展儿童哲学的行列。我们开展儿童哲学教育的根本目的是回应儿童自身对于思考的强烈需求，保护儿童的好奇天性与哲思心灵。

儿童对大问题有着天然的、自发的兴趣。他们从思考中获得了巨大的快乐，也通过哲学探究获得了情感的慰藉和心灵的成长。在不少学校，儿童哲学课是最受学生欢迎的课程，也是学生课堂参与最积极、课堂氛围最热烈的课程。儿童哲学课能让大部分儿童都感觉到自己被尊重、被倾听、被关注。许多在其他学科表现不佳甚至扰乱课堂秩序的孩子，却可以在儿童哲学课上做出建设性的贡献，并因为这门课开始意识到自己的价值，树立自尊和自信。

第三节　儿童哲学教育的形态

儿童哲学教育不能停留在口号上，只有真正面向儿童开设这样的课程，才能取得上述教育效果。在我国当下教育环境中开展儿童哲学教育，可以采取独立设置课程、学科融合课程、校外课程、家庭哲学活动等形态。

一、独立设置课程

儿童哲学课可以作为一门独立设置的校本选修或必修课程在中小学开设。

通常，学校中只要有教师感兴趣，就可以开设儿童哲学教育的校本选修课程（有些地方称为拓展课、课后服务或社团课），面向有兴趣且自愿参与的学生，人数通常为 10～30 人，上课时长可以达到 60 分钟甚至 90 分钟。这样的课程可以直接运用本书第二章介绍的课程设计与实施模式来开展，对于教师来说，这是比较容易上手的方式。

如果获得了学校管理层的支持，儿童哲学教育还可以作为校本课程，面向某些年级的全体学生开设。为此，学校需要设置专门的儿童哲学教师岗位甚至教研组，并提供师资培训、专业发展、职称评聘等方面的配套支持。在这种形态下，儿童哲学课通常面向30～50 人的大班授课，上课时长通常也只有 40 分钟。这对于教师来说是很大的考验，因为在大班授课时，平均每个学生能获得的发言机会很有限，课堂管理更加复杂，而且在如此短的时间里也难以完成一次完整意义上的探究。教师需要运用自己的教育智慧，探索大班授课、短课时条件下儿童哲学课的实施策略，如充分运用小组合作学习等。从学校管理者的角度而言，他们也可以设法让儿童哲学课与其他课程对开（如单双周对开、上下学期对开等），从而将儿童哲学课的周课时提高到 2 课时并排成连堂课，从而在一定程度上解决这一问题。

二、学科融合课程

除了独立设置课程，儿童哲学教育也可以作为一种方法应用在各学科课堂上，从而使之成为融合了儿童哲学的学科课程。各门学科本身包含着广泛而丰富的与哲学有关的主题，因此儿童哲学教育在学校教育中不限于“一门课程”，而可以成为“所有课程”的内在方面，即呈现或融合在既有的各门学校科目或活动中。[①] 儿童哲学对于改进学科教学、发展核心素养具有重要作用。运用儿童哲学改进学科教学主要体现在四个方面：以问题优先代替知识优先；以系统

① 程亮．儿童哲学：从“科目”到“方法”［J］．华中师范大学学报：人文社会科学版，2023，62（2）：171-179.

设计代替碎片教学；以真实对话代替虚假问答；以合作探究代替孤立学习。①

目前，国内外学者和教师已经对儿童哲学和语文、数学、英语、科学、道德与法治、心理健康教育等学科的结合进行了初步探索。

1. 儿童哲学和语文课的融合

儿童哲学探究是阅读、倾听、口语表达和写作技能的深度应用，因此与语文课有密切的关系。《义务教育语文课程标准（2022年版）》将“思维能力”设定为四大核心素养之一，设计了“思辨性阅读与表达”学习任务群，将“初步掌握比较、分析、概括、推理等思维方法，辩证地思考问题”设定为总目标之一，儿童哲学则能很好地解决思维能力的培养难题。英国最早将儿童哲学引入中学课程的教师威廉姆斯（Steve Williams）认为，儿童哲学对于母语的学习有如下意义：首先，哲学探究能帮助学生反思自身表达的形式和内容，并细致地考虑交际过程中的各种思维操作（如对比、举例、类比等）；其次，每个民族的哲学思想都是民族文化传统的重要成分，因此哲学探究也能促进传统文化的传承；最后，各种文学作品的主题，无论是观念性的（如命运、美德、生命）还是情感性的（如爱、幸福、美），都能在哲学探究中获得更明晰的理解。②

2. 儿童哲学和数学课的融合

数学与哲学关系密切，许多优秀的数学家也是大哲学家（如毕

---

① 刘学良．儿童哲学改进学科教学的原理与路径［J］．华中师范大学学报：人文社会科学版，2023，62（2）：180-188.

② WILLIAMS S. P4C in English［M］//LEWIS L，CHANDLEY N. Philosophy for Children through thesecondary curriculum. London & New York：Continuum，2012：38-52.

达哥拉斯、柏拉图、恩斯特·马赫、伯特兰·罗素、亨利·庞加莱等）。数学的学习和发展离不开良好的逻辑、创造性思维能力，因此数学与儿童哲学的融合课程能够同时为两个科目提供所需的思维训练及能力提升。目前，我国对于数学和儿童哲学融合的策略与实践的主要方向分为两种：一是了解各个版本的数学教材，以发掘可与哲学探究相联结的内容，包括从普遍的数学概念入手，关注数学思考方式的视角，探讨数学相关的哲学问题等。二是利用与数学相关的故事来开展哲学对话，这涵盖了数学家的生平故事、数学发现的历史、数学主题的绘本以及数学小说等内容。推理性、对话性和对理念、概念的探讨是数学与儿童哲学共同的基石。[①]

3. 儿童哲学和英语课的融合

世界各地的英语教师很早就观察到，当口语讨论的内容包含了哲学问题时，学生往往特别感兴趣。在上述背景下，沙希尼和里亚齐在2011年提出了基于儿童哲学方法的语言教学PBLT（Philosophy-based Language Teaching）教学模式，并通过实验验证了该教学模式的有效性。[②]此后又有研究发现，引入PBLT可以加强英语学习者的口语能力和沟通意愿。[③]林志明在进行定性定量混合研究时发现，儿童哲学的引进不仅提升了学生的英语水平，还

---

① 高振宇.儿童哲学与学科课程的整合及实施策略［J］.教育科学研究，2020（10）：10-16.

② SHAHINI G，RIAZI A M. A PBLT approach to teaching ESL speaking，writing，and thinking skills［J］.ELT Journal，2011，65（2）：170.

③ HEMMATI F，HOOMANFARD M H. Effect of philosophy-based language teaching on EFL learners' speaking ability and their willingness to communicate［J］.Journal of Social Issues and Humanities，2014，2（10）：240-246.

提升了学生的审辩性思维、创造性思维水平。① PBLT 能取得较好的效果，可能是以下因素共同作用的结果：哲学探究让学生更有兴趣学语言；哲学问题很容易成为同伴间共同感兴趣并积极交流的话题；哲学探究促使学生由“为练习而交际”变为“为共同探究而交际”，实现了有意义的语言使用；哲学探究促使学生为了寻找论据而自发地细读课文，为了避免被反驳而更精确地使用概念，运用对比、举例、比喻等修辞手法表达复杂的观点。这些论辩、解释、评价、澄清和辩护的过程都有助于提高语言表达的精确性和流畅性。

4. 儿童哲学和科学课的融合

儿童哲学通过探究的方式，将做哲学的过程带入科学领域。这个探究过程包括但不限于提出问题和假设、论证观点、思考影响和后果。科学中所期望的思维类型与儿童哲学所培养的思维之间有着明显的联系。科学与儿童哲学的融合首先要求老师提高自身哲学素养，将哲学精神融入科学知识的探索过程，再充分挖掘现有科学教材中的哲学元素，整合教育内容，并选择性地采用儿童哲学课堂对话式的教学方式推进科学教育。② 哲学帮助儿童理解“科学是什么”“科学与价值”等本质上是科学哲学的问题，对科学引发的问题进行具有哲学特性的伦理探索，使儿童能够在科学和更广泛的世界之间建立联系，还可以帮助儿童更深入地理解科学概念以及科学发生的背景。③

---

① LAM C M. Development of thinking and language skills through philosophy: a case study in Hong Kong［J］.Cambridge Journal of Education，2021.

② 陈丽娜.小学科学课渗透儿童哲学教育的意义与途径［J］.福建教育学院学报，2019，20（7）：35-37，53.

③ LEWIS L，CHANDLEY N. Philosophy for Children through the secondary curriculum［M］.London & New York：Continuum，2012：68-89.

5. 儿童哲学和道德与法治课的融合

道德与法治课引导学生树立正确的思想观念和良好的道德品质，提高学生适应社会、参与社会生活的能力，培养政治认同、道德修养、法治观念、健全人格、责任意识这五大核心素养，同儿童哲学之间具有天然的亲缘性。两者在教学目标上相同，在教学内容上相合，在教学方式上相容，在教学方法上相辅。[①] 儿童哲学和道德与法治课的融合以培养学生推理和思维能力为出发点，以自我与自然、社会、他人的关系为切入点，以尊重学生发问天性、释放思考的潜能、激活生活的经验为活力点。[②] 儿童哲学视野下的道德与法治课可以选取以下内容作为思考刺激物：一是儿童自身分享的真实生活经历、生活事件，二是基于童话、寓言等故事改编的问题式教学案例，三是关于真善美的故事。在教学方法上，教师需要建立探究团体，形成合作组织，引导学生在探究中说明理由、善用推理；鼓励学生独立地表达自己的看法，锻炼判断力和创造性思维；培养相互倾听的习惯，通过对话形成共同的价值观和理想。[③]

6. 儿童哲学和心理健康教育课的融合

心理健康教育课具有关注问题解决、注重发展学生优势、为儿童赋能等原则和视角，与儿童哲学十分相似。心理健康教育课与儿童哲学的课程融合，注重选取和学生的生活事件或心理困扰有所联系但又不是直接写照的刺激物，针对刺激物开展团体探究，以心理

---

① 刘学良，刘璐，冉诗杰．儿童哲学融入道德与法治课程的教学探索［J］．上海教师，2023（2）：38-44.

② 徐冬青．儿童哲学与道法课教学的“深”“透”“活”［J］．教育文汇，2022（9）：7-9.

③ 安宝珍，郭雨馨．“儿童哲学”视角下小学道德与法治课教学［J］．教学与管理：小学版，2020（2）：42-44.

咨询视角、技术与儿童发生对话，从而促进生生对话，激活团体动力，挖掘团体资源。儿童在探究团体中，可以感受到同伴的支持和关心，发现新的观点和思考模式，改变旧的行为，促进新行为产生，学会恰当、合理地表达和宣泄情绪。

三、校外课程

校外课程，指的是由中小学之外的主体开设或实施的、面向中小学生的教育体验，如场馆学习、研学旅行、夏令营、冬令营、在线课程等。在世界各地的儿童哲学实践中，校外课程也是重要的组成部分。例如，日本的“江户川区立儿童未来馆”是一所藏书 51 000 多册的专业儿童图书馆，它将二楼的空间用于开展“儿童学院”系列活动，包括为期半年到一年、面向四到六年级学生的连续课程“儿童研讨会”，每月一次（寒暑假较密集开展）的单次课“儿童教室”，以及主要由低年级学生或学前儿童组成的入门课程“人之初组”，由周边的大学、企业职工、居民等担任讲师。2016—2017 年，该馆与得居千照、河野哲也等学者合作，开展了面向四到六年级的连续儿童哲学课程。[①] 这是一种将儿童哲学教育与校外场馆学习结合起来的课程形式。

我国有着完善的校外教育体系。自“双减”政策实施后，儿童的校外教育从过去围绕考试学科开展的补习，转向全面提高核心素养的各类拓展课程。这也为儿童哲学教育的蓬勃发展提供了契机。目前，校外课程中开展的儿童哲学教育主要有以下方向。

---

① 得居千照，河野哲也．子どもの哲学における対話型教育の評価法：道徳教育と総合的な学習への導入を視野にいれて［J］．立教大学教育学科研究年報，2018（61）：3-26.
得居千照，河野哲也．儿童哲学对话型教育的评价方法：融入道德教育和综合学习的视野［J］．立教大学教育学科研究年报，2018（61）：3-26.

（1）校外培训机构开设的课程。这类课程有些直接称为儿童哲学课，有些以绘本阅读课、思辨课、思维课、国学课等名义开展，但采用了儿童哲学课的探究方法。这类机构既可以直接面向社会进行招生，也可以将自己的课程提供给中小学采购。

（2）与各类场馆合作开设的课程。儿童常去的博物馆、科技馆、图书馆、青少年宫、劳动实践基地等，都会举办面向儿童的各类活动。教育者可以同这些场馆合作，设计一些与场馆参观体验或动手实践紧密联系的儿童哲学课。

（3）嵌入研学旅行或夏冬令营的课程。研学旅行或夏令营、冬令营等活动，可以很好地将教育欠发达地区的儿童与教育发达地区的高校资源对接起来，如选取有知名哲学研究单位的城市作为研学地点，在活动中邀请哲学学者或大学生与儿童对话。

（4）校外线上课程。儿童哲学课对探究团体的团体动力、分组协作、物理环境有较高的要求，通常不适宜采取线上教学形式，但线上教学在扩大影响范围、弥补教育资源不平衡等方面也有其优势。儿童哲学线上课程最好面向已具备键盘打字能力的儿童，并充分运用信息技术，对参与的儿童进行自动分组，提供小组 / 全班共享白板、聊天互动、任务计时、进度追踪、速度排名、随机抽选等功能，以搭建强大的互动框架，保证课堂的讨论节奏和思维深度，避免网络延迟等因素对探究的影响。

四、家庭哲学活动

家庭对儿童健康成长有巨大的影响。在家庭中开展哲学活动，既能帮助家长培养倾听、尊重儿童的习惯，更新家庭教育理念，更好地配合学校中的哲学课程，也能帮助儿童理解家长的用心与视角，提升家庭教育实效。

从学校的角度来说，家校共育有助于促进孩子的共同成长。尽管学校中的儿童哲学课程通过倾听儿童、尊重儿童来培养儿童的自尊、自信、独立思考等品质，但若家长的教养方式不当，总是忽略、压抑、贬低、否定儿童的自主思考，就难免发生“一曝十寒”的效应，使学校教育难以发挥作用。因此，如果学校开设了儿童哲学课程，最好也提供对应的儿童哲学家长教育，如温州市瓦市小学的“家庭微哲学”项目和无锡市协和双语学校的儿童哲学家长工作坊就是典型的例子。

从每一个家庭和家长的角度来说，家长也需要培养自身的儿童哲学意识和儿童哲学能力。家长和孩子之间讨论问题，可以让孩子学会质疑成年人，并以相对平等的身份和成年人讲话。大人表现出了对儿童想法的尊重，儿童也就更愿意倾听大人的意见，在充分论证说理的基础上接受大人合理的教育、管理措施，并主动地参与家庭事务。

与学校有组织的儿童哲学课程相比，家庭哲学活动又有其自身的独特性，如碎片化、随机性、弹性化、个性化、情感支持需求更高、与家庭结构直接关联等。家庭哲学活动可以借助餐桌对话、哲学游戏、亲子阅读、场馆参观等契机来开展。家长可以通过本书了解儿童哲学的一般原理和方法，并结合自己家庭的情况摸索出最适合自己与孩子的哲学活动模式。

思考题

1. 在阅读本章之前，你对儿童哲学有什么样的了解？它与你在本章中获得的认识有什么不同？

2. 你能再举出一些人类历史上儿童参与哲学活动的例子吗？这些例子给了你什么样的思考？

3. 阅读本书第十一章的课例，说说儿童哲学教育是如何提升思维品质、促进道德发展，乃至影响整体学校变革、满足儿童需要的。

4. 有人认为，儿童哲学教育中的团体探究和语文、数学等学科的小组讨论、全班汇报、合作学习等方式没有什么不同，是一种不足为奇的教学方法。你会怎样看待这种观点呢？

5. 根据本章介绍的儿童哲学教育的多元模式，请为你所熟悉或有联系的某所学校设计一套儿童哲学教育实施方案，并说明你的方案对学校实际情况的适切性。

第二章

儿童哲学课程开发与教学准备

儿童哲学教育具有高度的开放性、生成性，教师经常需要在课前、课中、课后基于学情评估和师生互动来灵活调整课程内容和教学方式。但是，有三项工作却是开设儿童哲学教育课程之前应当做出清楚规划的，那就是制订课程方案、培育探究团体和建立评价体系。

开展儿童哲学教育之前，先要思考“我要开设一门什么样的课程”的问题，具体来说包括“课程目标是什么”“课程内容是什么”“按什么顺序安排内容”等问题。对这些问题的回答，就构成了一份课程方案（本章第一节）。

接着，教师需要意识到儿童哲学课程不是面向孤立的一个个儿童进行授课的，而是面向整个探究团体（本章第二节）进行的，团体的人员组成、规则意识、合作模式、情感氛围、学习环境都会影响探究的效果。探究团体的培育，既要在课程开始之前就做好规划，也要贯串儿童哲学教育的全程。

最后，在整个教学过程中教师需要有效评价学生的学习和发展情况，基于评价信息不断改进教学，这就需要建立儿童哲学探究的评价体系（本章第三节）。儿童哲学的学习评价，主要面向整个团体，以合作而非竞争的方式开展。

第一节　制订课程方案

无论在校内或校外，要开设儿童哲学课程，往往要先设计好一份课程方案。儿童哲学没有统一的课标、教材，对教师的课程设计能力有一定要求，教师需要学会自己设计一份规范、专业的课程方案。教师可以参照图 2–1 的流程来确定自己的课程方案。

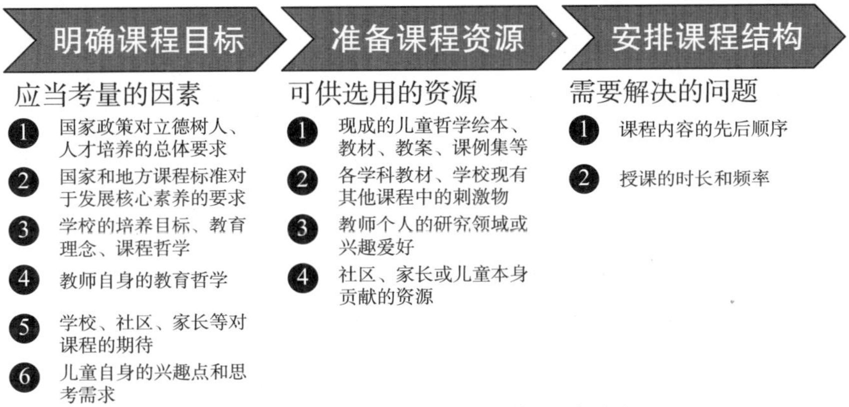

明确课程目标

应当考量的因素

1. 国家政策对立德树人、人才培养的总体要求
2. 国家和地方课程标准对于发展核心素养的要求
3. 学校的培养目标、教育理念、课程哲学
4. 教师自身的教育哲学
5. 学校、社区、家长等对课程的期待
6. 儿童自身的兴趣点和思考需求

准备课程资源

可供选用的资源

1. 现成的儿童哲学绘本、教材、教案、课例集等
2. 各学科教材、学校现有其他课程中的刺激物
3. 教师个人的研究领域或兴趣爱好
4. 社区、家长或儿童本身贡献的资源

安排课程结构

需要解决的问题

1. 课程内容的先后顺序
2. 授课的时长和频率

图 2–1　儿童哲学课程方案设计流程

一、明确课程目标

总体来说，各类儿童哲学课程都以发展 4C 思维和社会情感能力为核心目标，但每一所学校、每一位教师的课程又有自己的侧重点。教师需要考虑如何在儿童哲学课程中嵌入国家政策、国家或地方课程标准、学校培养目标等对于立德树人、人才培养的要求。此外，教师自身对教育的理解，学校、社区、家长的期待，儿童自身的兴趣点和思考需求，都是重要的考量因素。例如，某学校希望针对每个班级胆小内向、不敢发言的学生开设一个儿童哲学社团，以帮助这些学生树立自尊心、自信心。在这样的情境下，教师可能就会选择将社会情感能力的发展作为课程的主要目标，而不会在这门课程里过多地关注逻辑思维训练这样的目标。

二、准备课程资源

儿童哲学课的课程资源主要是刺激物和哲学问题。“巧妇难为无米之炊”，可供选用的课程资源越多，教师自如发挥的空间就越大。所以，儿童哲学教师在“什么可以拿来当课程资源”的问题上不要有条条框框。可以把各种现成的儿童哲学绘本、教材、教案、课例集等拿来为自己所用，也可以从学生的校园生活、课程内容、学习体验中生发出学习问题，还可以将教师自己平时钻研或阅读的内容拿来作为刺激物。为了判断某一刺激物是否能引起孩子的兴趣，教师需要多与孩子聊天，了解当代儿童的流行文化、热门话题与兴趣焦点，尤其是倾听儿童在日常生活中产生的好奇和困惑。一旦教师和儿童建立了融洽的关系，儿童自己也会分享他们平时阅读的故事或思考的问题作为刺激物。但是，在这样一个广阔的课程资源库中，究竟选择哪些来用，则要紧扣课程目标。举例而言，以“帮助学生树立自尊心、自信心”为主要目的的社团里，教师可能会选择与尊重、友谊、信任、自由、包容、幸福等主题相关的刺激物，而不太会选择与本体论、知识论、逻辑学等较深奥的问题相关的刺激物。

三、安排课程结构

有了课程目标和课程资源，教师还要思考如何安排课程内容的先后顺序，以及授课时长与频率等问题。

通常来说，课程内容要以由浅入深、由易到难的顺序排列。这里，难易度主要指的是儿童理解刺激物的难易程度，而非哲学问题的难易程度。例如，一段以动画片形式呈现的故事，就比一段以文言文写就的故事更简单，尽管动画片背后的哲学问题也可能是很深刻的。

一节课的时长在大部分中小学都是 40～45 分钟，但完成一次常规的探究通常需要 60～90 分钟。教师有三种方式解决这一问题：

一是争取安排连堂课（如果学期总课时不足，可以与其他学科采取单双周对开、前后半学期对开甚至上下学期对开的形式开课），这样课间 10 分钟也能让学生借由休息和非正式的交流产生一些新想法。二是将一次儿童哲学探究分为提问课和讨论课两个课时，在提问课呈现刺激物、提出问题、选取问题并记录下来，在讨论课则将提问课选出的问题拿出来探讨。三是将探究中的部分环节省略，时间压缩到 40 分钟，例如由教师而非学生提出问题。此外，增加小组讨论也可以节约课堂时间。

第二节　培育探究团体

一节课是在哪儿上的？我们一般会回答说，是在“班里”上的。但是我们说到儿童哲学课时，则会说在某一个“探究团体”里上课。为什么要用这样一个特别的词呢？

让我们设想一下，假如一位资深的足球教练想出了一套非常巧妙的战术，急需在一个月后的比赛中一展身手。现在有两支球队都希望聘请他，一支球队由 22 名技术精湛但从未合作过的球员组成，另一支球队则由 22 名技术稍稍逊色但已经合作了一年、关系十分融洽的球员组成。请问：这位教练会选择哪支球队来实践他的战术呢？大部分人可能会认为后者是更好的选择。

同样地，如果把上课比喻为踢足球，一个探究团体（一支球队）的实力不仅取决于教师的教学方法（即教练的战术）和学生的能力（即球员个人的技术），还取决于团体氛围和同伴关系（即球员之间的默契配合）。我们要使学生在哲学讨论中密切合作，就需要不断建设这个集体，创建良好的合作框架。因此，我们把儿童哲学参与者组成的团体叫“探究团体”（community of inquiry），就是在提醒教师：我们上课不是在与一个个相互“割裂”的儿童进行一对一的互动，而是在促进整个集体的讨论。唯有培育好这个集体，儿童哲学课才能更精彩。

教师可以从选择团体成员、营造团体动力、讨论团体规则、创建合作小组、建设学习空间五个环节入手，培育儿童哲学探究团体。

一、选择团体成员

如果在常规的班级中开展儿童哲学课，就不存在选择成员的问题；但如果以社团活动、选修课、校外课程的形式开展儿童哲学课，教师就需要首先考虑团体人数多少、如何构成、如何招募的问题。以下是教师选择团体成员时需要考虑的因素。

1. 团体的人数

儿童的哲学洞见不是自己本有的，而是在团体探究中激荡、涌现出来的。因此哲学社团人数太少（10 人以下）时，很可能因为发言人数不多、观点差异不大，而导致效果大打折扣。反过来，如果人数太多，则可能导致某些孩子因为发言机会不足而受挫。当然，即使是在人数很多的团体（如四五十人的常规班级）中，教师也可以利用小组合作学习来增加单位时间内表达观点的学生人数。例如，在讨论任何一个问题前，教师先安排 3~5 分钟的小组讨论，这样每个学生都有机会在组内发表观点。

2. 团体的多样性

儿童哲学社团应尽量包括不同性别、不同成绩水平、不同性格、不同社会文化（如城市和农村、沿海和内地、本地和外地）的孩子，这样才能让孩子意识到其他人与自己有不同的经历、体验和价值观，从而避免产生坐井观天、以偏概全的谬误，增强对不同观点的包容性。

如果可能，还可以将两个甚至三个相邻年级的孩子混合在一个团体中。教师不必担心跨年龄的混合会导致教学难以开展。首先，研究显示，不同年龄孩子之间的互动和相互帮助，会给双方都带来益处[①]。其次，儿童哲学探究允许学生自己提问，不同年龄的孩子可以在探究中提出适合自己年龄层的问题，或者选择自己能理解的那部分问题来思考。最后，儿童哲学探究也没有固定的结论，每个年龄层的孩子都可以在探究中形成符合自己认知水平的结论。

3. 参与活动的自愿程度

儿童哲学社团原则上应该由儿童自愿报名参与，强迫儿童参加哲学社团的做法与儿童哲学尊重儿童的精神背道而驰。当儿童出于自己的选择而参与时，通常教学效果也更好。实践中，儿童哲学课通常是非常吸引孩子的，甚至是全校最受孩子欢迎的一门课。如果儿童哲学社团出现孩子上课无精打采甚至要求退出的状况，教师需要反思自己的教学是否符合儿童哲学的原则，也应该逐一向退出者询问原因并尊重孩子的选择。

4. 选择团体成员的标准

当自愿报名参与的孩子很多，远远超出了社团能够招收的名额时，我们建议教师采用随机抽取的方式选出参与者。这样做不仅简便易行，也可以借此将未被选中的孩子列入控制组，从而开展教育实验（实验研究方法要求将被试随机地分配到实验组和控制组）。如果一定要采取选拔的方式确定社团成员，选拔的内容与形式应同常规学业测验有所不同，避免儿童误以为儿童哲学是“学霸”才能参加的课程。我们建议以面谈的方式，从本课程的目标出发，基于学习需求、口语表达能力、倾听能力、社会情感能力、创造性思维、阅读量、知识面等考量选择社团成员。

---

① 黄睿．国外跨龄教学辅导简介［J］．现代教学，2010（5）：74–76.

二、营造团体动力

在教学过程中，不同的班级或探究团体之间有很大的差距。有的团体中，同学之间互相鼓励、认可。当一个人说话时，其他人认真倾听；当发言者因紧张说不出话时，其他同学还会真诚地以目光、掌声等方式鼓励他。但有些团体则显得充满敌意，一旦有同学表现不佳，其他同学首先想到的是竞争和比较（“她不行！别点她”“我来我来”）。还有的团体，学生表现得畏缩、谨慎，不敢随心所欲地发言，课堂鸦雀无声。这样的差异，很可能就是团体动力造成的。

20 世纪 30 年代，心理学家卢因（又译作勒温）提出了“团体动力”（group dynamics）的概念。团体是一个动力整体，个体的心理和行为随着团体动力场的变化而变化。① 在儿童哲学探究团体中运用团体动力理论，可以使个体更容易、更安全地转变。教师引导团体对观点、表达、想法等进行提炼、归纳，因为是面向整个团体，不针对个体，个体就不会因为观点被当面质疑而感到紧张、羞愧，同时也会因为自己的观点和提议使团体更多元、更丰富，有更多的可能而感到自豪，获得成就感。团体创设的安全的环境，使个体更放松、更大胆、更活跃、更勇于表现自我。

在儿童哲学探究团体中，教师可以采取以下方式塑造团体动力。②

---

① 樊富珉，何瑾．团体心理辅导［M］．上海：华东师范大学出版社，2010：64-65.

② 如果在现成的班级里上儿童哲学课，学生一周至多有一两节儿童哲学课，因此任课教师很难对团体动力产生大的影响。在这种情况下，教师可以多和班主任及科任教师交流，了解班级的现状和问题所在，对带头进行言语霸凌的同学加强关注和引导。与此同时，教师可以为儿童哲学课设定特别的氛围，使学生感觉“这节课和其他课不太一样，在这里说得不好也没关系”。

1. 做好破冰[①]活动

儿童哲学团体探究的开始阶段很重要。这时候，学生对教师还不了解，担心教师脾气不好，也担心自己的发言得不到肯定，因此不会轻易发言；学生对同伴也不了解（甚至不认识），不知道自己的发言会不会招来嘲笑，结果在小组合作中也很难打破沉默首先启齿。为此，教师需要做好师生关系和生生关系的破冰。

师生关系的破冰，可以从教师的自我介绍做起。初次与学生见面时，教师应先贴近自己的心灵，放下主流文化的价值束缚，以一个“开放的容器”的姿态，用各种形式拉近和学生的距离。例如，在自我介绍时要风趣而真诚，可以开一个和探究主题或当时情境密切相关的玩笑，或者拿自己的姓名开个玩笑（“我叫高老师，因为我个子很高”）；可以允许学生用昵称称呼自己（如“大黑老师”“大黄老师”），并讲一讲跟自己昵称相关的趣事；也可以适当地自我暴露，说说当下的心情（如“其实今天老师比你们还紧张”）或童年的趣事（如“小时候我也不敢举手发言”）等。

生生关系的破冰，主要目的是让学生互相认识、互相认同、互相信任。探究团体中，最重要的生生关系是每一小组的内部关系。我们可以设计一系列活动，帮助小组成员相互认识、初步协作并相互认同。

促进组内生生关系的系列游戏

游戏 1　找队友

教师在屏幕上显示分组名单，学生用 2 分钟时间安静地观看屏

---

① 破冰，网络流行语，指消除人际交往时的顾虑、怀疑、隔阂等。

幕上出现的分组名单，记住自己的队友叫什么名字，但不能做任何笔记。时间到后，名单消失，所有人站起来找自己的队友（可以说话），找齐队友后，在座位上一起坐下来。1 分钟内找齐队友并坐下来的小组可以获得奖励。

游戏 2　记名字

用 2 分钟时间，每个人在小组内做自我介绍，然后尽量记住其余每个组员的名字。时间到后老师抽查，所有组员都能叫出每个组员名字的小组获得奖励。

游戏 3　齐用力

每个组员只能用一根手指，一起将水果（如橘子、苹果等）从桌上举起来，举到眼睛的高度。

在小组同学相互认识的基础上，教师可再用一些游戏帮助全班同学相互认识。

抢占先机：帮助全班相互认识的小游戏

首先，全体学生围成一圈坐着，按照顺序介绍名字。然后，在 1 分钟的时间内，每个人记住左右相邻同学的名字。游戏开始后，教师站在圆圈中央，将一个毛线球或玩偶随机丢向某个学生。接到球的学生左右两边的同学需要立刻站起来，比比谁能最快说出接球者的名字。说得慢的那一个需要接受一个小小的惩罚（例如，从深蹲三次和做一个搞笑的动作中选择一样来做）。游戏过程中，教师如果发现学生普遍表现不佳，可以停下游戏再给大家 1 分钟时间复习相邻同学的名字；如果发现大家已经基本记住相邻同学的名字了，就让学生站起来打乱顺序后坐下，再重复上面的过程。

2. 建立信任关系

自信和相互信任，是深入开展哲学对话的前提。学生如果担心教师的提问是诱骗自己“答错”以便批评自己的“陷阱”，就会尽量缄默不言；如果担心自己表现不好或无法进步，也很难参与哲学探究。为此，教师可以在与学生初次见面的时候尝试下面这个“传水杯”游戏。

促进师生互信与学生自信的“传水杯”游戏

物料准备：一个一次性塑料杯或纸杯（最好是杯壁薄的）、一壶水、一支记号笔、计时器（如手表、秒表或电脑）、抹布、小奖品或代币（最好是价值小、数量多的）。

教师在游戏开始前告知学生：这个游戏需要全班团结协作，共同取得成功，成功后每个学生都可以得到小奖品；但如果失败了，就谁也得不到。游戏有四关，学生只有成功完成某一关的任务后，才能进入下一关。

第一关　站成圆圈

全体学生用 1 分钟时间在教室内围成一圈。如果学生来自多个班级，教师可以要求同班同学不能相邻。学生按时完成后，教师任选一个位置加入圈中，祝贺大家成功完成第一关，请大家一起鼓掌庆祝（学生如未能按时完成则回原座位重新做一次，直至能在 1 分钟内完成）。第一关看似简单，但一定要加以庆祝，因为这能让孩子意识到教师非常珍视他们的每一点成就，也能让孩子意识到即使是“站成一圈”这样简单的任务，也需要每个人密切配合。

第二关　传水杯（不限时）

教师充满神秘感地取出塑料杯或纸杯，倒入水（水面离杯口约

2 毫米），然后在杯口下方约 5 毫米处用记号笔画一条线，并告知学生规则：双脚不能移动，将满满一杯水传递一圈，回到起点时，水位不能低于所画的线。教师提醒学生：本关要计时，但不限时，无论花多长时间完成都可以，请大家不要着急，慢慢找到技巧。然后教师将水杯按逆时针方向递给学生，同时开始计时，让学生沿着逆时针方向传递一圈。最后一个学生将水杯传回教师手中时，计时停止。教师检查杯中水位线，如果达到要求则请大家一起庆祝。

通常在这一关，即使平时存在行为问题的孩子也会表现出一些亲社会行为，例如，在轮到自己传水杯时会非常小心仔细，而没有轮到自己的时候也会努力给正在传的同学加油打气。有人会善意地提醒（“小心别洒了”），有人会说“我们不要吵，免得干扰他们”，有人会设法给同伴支着儿（“抓上面，不要抓中间”），有人会紧张地关注着游戏进展，并在成功后欢呼。因此，这一关完成时，教师可以提问——“刚才这一关我们为什么能成功”，并尽量请学生给出更多的回答。通常这时就会有学生说，成功不仅是因为每个人都努力，还因为大家相互配合、相互鼓励。

假如有同学不慎把水弄洒了，导致本关失败，教师也不必责备，首先应该笑一笑，告诉大家没有关系；然后拿出抹布，问问谁愿意帮忙把地上的水擦干净。这时把水弄洒的学生通常也会举手，教师可将抹布给这个学生。水擦干后，教师以轻松的口吻告诉学生，无论是在平时的生活中，还是在今后的哲学课上，他们都可能遇到一些失误或挫折，不必过多地关注“是谁的错”，重点是讨论“今后可以怎样避免”。教师可请几个学生谈谈“下一轮我们怎么做才能不把水洒出来”，学生在取得共识后重新传一次。这样的讨论，让学生意识到这门课是可以宽容各种失误的，也学会了用一种积极的方式面对问题。

第三关　传水杯（有进步就行）

本关与上一关规则一样，但要求用时比上一轮少（哪怕少 1 秒也行）。本关的目的主要是让学生意识到，在这个社团里老师不会嫌弃学生当前水平不高，也不会嫌弃学生进步太小，哪怕一点一滴的进步都会被老师看见。学生通常会认真对待这一关，加上练习效应的影响，成绩一般能进步数秒。在庆祝成功之后，教师可以请学生谈一谈这一轮为什么能成功。学生无论归因为自己的努力、他人的帮助或客观原因（“因为上一轮练过了”“因为老师提的要求不高”），教师都可以加以赞赏，并适当地将学生提出的观点引申到将来的学习中，如：“确实，上一轮练过了，所以我们能进步。以后在这个社团里也一样，大家不用担心第一次做得不好，慢慢来，我们就熟练了！”“老师提的要求确实不高，只要有进步，哪怕只是一点点，我也很高兴。今后也是这样的！”教师还可以提问：“如果想传得更快一点，我们该怎么做？”这一提问能帮助学生梳理经验教训，从而确保下一关取得巨大的进步。

第四关　传水杯（自己决定要进步多少）

这一关最挑战教师的能力，但促进师生互相信任的效果也最显著。在呈现本关的通关规则之前，教师要先让学生做一个选择：

A. 玩到这里就好（每位同学可获得一份小奖品）。

B. 继续挑战第四关（如果成功，每位同学获得两份小奖品；但如果失败，就一份奖品也得不到）。

教师告知学生：第四关只有一次挑战机会；第四关的通关标准是保密的，既可能是“进步 1 秒”（即用时减少 1 秒），也可能是“进步 30 秒”，只有在大家选择继续挑战之后才会揭晓。

接下来，教师请几个学生说说自己的意见（要说明理由）。学生充分发表意见后再投票。

发表意见的过程可以视为一次微型的儿童哲学探究，教师应尽量鼓励学生表达不同观点、不同理由。有的学生会选 A，因为“输了就什么也没有了”“这样比较保险”“老师可能给很高的要求”；但通常多数学生会选 B，因为“玩游戏就会有输有赢”“输了也是一种体验”“就是要挑战才有意思”“前几关已经有成功的喜悦了，后面输了也不要紧”“老师应该不会为难我们的”。教师如果能在前几轮游戏中以自己的坦诚与亲和征服学生，就不难在这一轮讨论中获得学生的信任，让学生相信“老师不会为难我们”。这也就初步达到了师生互信的目标。

经投票，多数学生很可能选择 B（如果多数选择了 A，也没有关系，教师直接发放奖品即可，但事后应做教学反思，找出原因）。这时教师揭晓第四关的要求：将水杯传一圈，用时比上一轮少________秒（由你们决定）。原来，这一关的通关标准要由学生来民主协商。这样设计是为了让学生明白在今后的儿童哲学探究中，教师也一样会高度尊重他们的决定，允许他们设定自己的学习目标、决定自己的学习步调。在接下来的讨论中，教师请学生自己提出方案（如“进步 3 秒”“进步 5 秒”等），根据大多数人意见的中位数，确定一个数字供大家表决（如“既然大部分同学的提议是 3 秒或 5 秒，我们就设定为 4 秒，看看大家是否同意”）。如果表决几次都没有任何一个选项取得半数以上赞成票，就以得票较多的那个选项为准。在这个讨论中，会有少数学生提出非常激进的方案（“进步 20 秒”），大部分学生会支持一个温和的方案（“进步 6 秒以内”），但通常不会有学生提出“进步 0 秒”“进步 1 秒”这样的方案。这说明，儿童获得了自主权之后，能学会为自己负责，不会滥用自己的自由和权利（当然，若有学生提出了这样的选项，教师也不可斥责或嘲笑，应非常认真地视之为一个可能的方案来组织讨论。通常，其他学生会否决这样的选项）。

在确定通关标准后，学生进行第四关游戏。根据我们的经验，对于一个 20 人左右的社团而言，学生在这一关通常能比第三关有用时减少 10 秒以上的进步（一个由 24 名小学三年级学生构成的社团，第二关用 1 分 19 秒完成了水杯的传递，第三关用时 1 分 14 秒，第四关他们给自己设定了用时减少 4 秒的目标，但实际用时减少了 22 秒，只用了 52 秒就完成了。以上数据供参考）。因此，在本轮游戏结束成绩揭晓时，学生往往会非常惊喜和感动，获得一种“达到了自己给自己规定的目标”的成就感。对于一些学生来说，这样的感受在生活中是非常稀缺的，因为成人很少允许他们自己给自己设定目标。教师即使已经知道了学生能有如此大的进步，也要装作非常惊讶的样子，并与学生一同庆祝。庆祝过后，教师可以请学生总结游戏获得成功的经验，也可以自己做出总结：“今天让我非常感动的是，你们非常相信我，知道我不会为难你们，因此愿意去挑战第四关。我也想告诉大家，我非常相信你们，因此我让你们自己来决定第四关的难度。我知道你们不会随随便便给自己定一个用时减少 1 秒、2 秒这样容易的目标，而是会认认真真挑战自己，而且一定能取得巨大的进步。在今后的课程中，也希望大家相信我，相信同伴，相信自己的努力！”

3. 调动身体动作

哲学探究不仅要用到头脑，也要用到身体，因为人类的身心是紧密联系的。通过运用身体动作的一些活动，学生会感到更放松、更有精力、关系更亲密，从而提升探究的效果。具体来说，教师可以在以下几个环节中运用身体动作的有关活动。

（1）引出讨论主题。通过身体性的活动，让学生感受到讨论主题与自己切身经历的相关性。例如，在讨论“信任”话题时，教师询问学生：“如果你对别人很信任就把手举高，非常不信任就把手放在桌上，用你的动作来告诉我。”此后教师可以采访动作最夸张的几个学生。简单的评量让每个人看到自己和团体的信任差异，随后就能比较容易地展开探究内容。又如，“晒太阳”游戏也很适合引出话题。玩“晒太阳”时，学生集体问：“晒太阳，晒什么？”老师说：“晒觉得学习很快乐的同学。”这时，觉得学习快乐的学生就要站起来伸个懒腰，老师可以对他们进行一定的采访，从中引出“学习是不是快乐的”讨论主题。

（2）表演情境策略。借鉴教育戏剧中的“论坛剧场”方法，将哲学讨论中形成的行动策略即兴表演出来，既可以凸显知易行难，又可以促进知行合一。例如，在讨论“勇气”的话题时，教师可以设计一些日常生活中需要勇气的情境（如遇到校园欺凌、排队时有人插队等），请学生上台扮演主人公，把自己在此情境下会采取的策略表演出来。通过扮演，学生会意识到这类情况下谁也不会有那种毫无畏惧的勇气，勇气恰恰体现在我们与畏惧共存的过程中。组织这类表演前，教师应当接受一定的教育戏剧训练，学习相关知识——要特别注意的是，剧中的“坏人”或“不可控因素”应由教师扮演，以免学生不能把握好自身入戏程度，造成身体上的危险或心理上的伤害。

（3）强化行为训练。行为训练的作用，是教师在合适的时候以清晰的姿态出现，把团体动力推向高潮，让学生在拥有深刻的认知思考后产生相应的心理体验。例如，在学生充分讨论“爱是什么”及“不同形式的爱有哪些表现”之后，教师可以让学生用行动表达对团体同伴的友爱——可以是一个拥抱、一次握手、一张鼓励的纸条等，从而让学生从认知走向行为，突破知行之间的障碍。

（4）升华探究主题。教师通过身体性、直觉性的自然反应，揭示主题背后的深刻哲理。例如，在《庄子》“浑沌之死”寓言的探讨中，教师在读完故事后，对学生说：“想象一下，如果像浑沌那样没有五官的人突然出现在你身边，你会是什么表情？请表演出来。”然后教师将学生的表情拍摄下来；到了探究结束时，再问同一个问题，并将前后两次拍摄的照片进行比较。通常，前一张照片学生的表情充满惊异、恐惧，而后一张照片学生的表情却充满平和、善意。这样一次在课堂现场开展的行为实验可以引出更高层次的思考：很多时候我们对于“异类”的恐惧来自陌生和不了解，通过反复谈论、思考、理解，我们也就不再害怕它们。

三、讨论团体规则

在刚进入或刚创建一个探究团体的时候，教师需要帮助儿童改变他们从小在其他课程中养成的一些不良习惯。例如，在老师或同学提出一个问题时，许多学生的第一反应不是举手等待邀请，而是大声抢答说出想法。学生形成这种习惯的原因在于，在许多课程中，教师的提问有唯一答案，谁把这个答案最早说出来就会得到激励，而其他人哪怕只晚了一秒，回答也不再有意义了。许多教师又觉得只要所答内容是正确的，即使学生抢答也不要紧，不会加以制止。结果到了儿童哲学课这样一种没有唯一答案的讨论中，学生依然会不假思索地快速抢答，在答案没有被肯定时，又快速以瞎猜的方式换其他答案，并不深入思考，也不认真倾听其他人说了什么。

为改变学生的这一习惯，教师在初期需要反复强调哲学课上的问题没有唯一答案，对遵守发言规则的行为，尤其是倾听并回应他人发言的行为（“我想回应 ×× 同学的观点……”“我同意 ×× 同学的观点，但我想补充……”等）大加鼓励，对于抢答的同学不予理睬，逐渐令学生培养成按规则发言并认真倾听的习惯。此外，教师可以使用一个“发言鸭”（取“发言呀”谐音）玩偶，规定必须“拿鸭发言”。教师可以安排一个小助手（每节课轮换）帮自己传递“发言鸭”；也可以让发言的人自己选定下一个发言的人，将“发言鸭”递给他；在大部分人都想发言时，还可以让学生按座位顺序或小组顺序传递“发言鸭”，拿到的人可以选择发言或弃权。无论采取哪种形式，由于课堂中只有一个“发言鸭”，且学生只有拿到“发言鸭”才能发言，教师就能很好地让“任何时候只能有一个人在说话”的规则以具象的、物质的形式贯彻下去。

在上儿童哲学课的初期，我们建议安排一次课专门讨论课堂规则及其合理性。教师和学生都可以提议设立新的规则，平等讨论后，教师将凝聚了集体共识的规则写下来，经全体投票通过。以下是一种在课堂上行之有效的规则协商方法——“选择题方法”。

儿童哲学课堂规则协商的“选择题方法”

教师预先将以下 4 道选择题做成课件，告诉学生“我们课堂的规则要由我们自己来定”，然后逐一朗读这 4 道题，读完每道题都郑重地请全班同学举手投票，并记下投票结果；投票时尽量不要允许学生弃权。

1. 当我想发言时……

A. 要站起来

B. 想站着或坐着发言都行

2. 我说话时……

A. 别人可以随时插嘴

B. 想发言要举手，等拿到“发言鸭”再发言

3. 当我发言时……

A. 别的同学可以边讲话边听

B. 别的同学需要安静地听

4. 当我们发言时……

A. 可以把前面的人讲过的再讲一遍

B. 只讲前面的人没讲过的新观点，或者对前面讲过的观点进行反驳和补充

说明：

对于第 1 题，学生可能选择 A，也可能选择 B。其实这两种方式都是可接受的，但第一题给了学生一个重要的暗示，就是这场投票确实是民主的、开放的。这有利于他们认真看待后面几道题。

在这样一种认真负责的氛围下，第 2～4 题学生通常都会选择 B 选项。但即使后面几道题大部分学生选了 A 选项，教师也不必惊慌，可以将这个决议接受下来，在接下来一两周的课堂上让学生感受“这样上课我们觉得舒适吗”；如果他们觉得不舒适，再针对这一题重新投票。

此外，学生投票时也可能提出 A、B 以外的选项。如果新提出的选项只是对 A 或 B 的一种修正，教师可以听取学生的意见，对原

来的 A、B 进行修改；如果是完全不同的意见，教师则可以将其增列为 C 选项。当题目有三个或更多选项时，很可能没有任何一个选项过半数。这时教师可以采取两轮投票的方法：将第一轮中得票最多的两个选项拿出来，开展第二轮投票。

四、创建合作小组

儿童哲学讨论经常需要进行小组合作学习，这不仅有助于学生深化思考，也有利于培养学生协作性思维和社会情感能力。教师最好确定一套固定的分组方法，在每节课都使用，以免重新分组导致浪费时间。如果学校或班主任平时已经分好了合作学习小组，教师可以考虑沿用，但是要事先调查清楚已有的小组是怎么组成的。合作学习小组的最佳人数是 3～4 人，如果已有的小组规模在 5 人或以上，会导致讨论时很难全员参与。另外，有时班主任分组的出发点是让关系较差的同学坐在一起以减少课堂违纪行为。这样分出的小组实际上合作能力很低，教师不如重新分组。

如果儿童哲学课在班级教室上，一种简便的分组方法就是前后桌 4 人组成一组；如果在专门的儿童哲学教室上，教师自由操作的空间就大了很多。教师重新分组时，可采取随机分组或自愿分组的方法。

随机分组指的是采用生成随机数、报数等方式，完全基于概率来分组。随机分组的好处是各组的水平大致相当，学生不容易有怨言（可强调随机分组是“天意”），分组过程也比较节省时间。

自愿分组指的是教师制定一定规则，在此基础上允许学生自己寻找同伴。例如，教师可以将儿童哲学教室的座位布置成 4 人一桌，然后告知学生同桌即同组，说清楚每组人数的下限和上限

（这两个数字要根据班级情况确定，例如50人的班级分为12个组，则势必其中2个组有5人，这时可规定每组4～5人；但如果46人的班级分为12个组，则可规定每组3～4人），然后让学生自己找位置坐。当然，在这种方式下，也会有部分学生被同伴排斥而找不到任何一个肯接纳自己的组。教师需要关注这部分学生，并引导他们坐到不排斥他们的组里，或者将数名被排斥的同学凑在一起，组成一个组。在小学中高年级或初中，自愿分组还有个缺点，就是由于学生之间性别隔阂明显，所分出来的组大部分是单一性别的。这不利于在小组讨论中纳入不同性别的视角。不过，当课堂需要小组完成比较复杂艰巨的任务时，自愿分组的生产力较高。

没有任何一种分组方法是完美的，教师要在课堂上多尝试，结合每个班的人际关系情况，找到最合适的方法。

五、建设学习空间

无论在班级、专门的儿童哲学教室还是临时的房间里上课，教师都可以用心去设计和改进学习空间。学生爱上了哲学教室，就会因此爱上哲学。

一间用于儿童哲学课的教室，最好具有以下基础设施：

舒适的座椅；

清晰明亮、可支持无线投屏的大屏幕；

黑板或白板（可能的话，给每组一块自己的白板）；

适量的书柜和置物柜；

时钟和计时器。

如果是专门的儿童哲学教室，教师还可以考虑以下独特的设计：

减少桌子的数量，两三人共用一张课桌，使学生坐得更紧凑[①]。

安装木地板或地毯，将座椅改成蒲团，让学生能席地而坐[②]。

将座位排成环形，让每个学生互相都能看见。

在教室后方设置可用磁铁或图钉张贴纸张的展板。

在座位布置上，教师要保证所有学生较容易看到黑板或屏幕；要避免个子太高的学生挡住其他学生的视线；设法将视力不佳的学生移到靠近黑板或屏幕的位置。

在教室的书柜里摆放一些哲学普及性书籍。这些书籍可以作为特权奖励，借给那些发言最积极、思考最深刻的学生阅读。教室后方的展板，除了展示学生的哲学诗歌、作文、绘画，还可以展示学生课上来不及讨论的有趣问题或课后想到的问题。后来看到的人可以“回帖”，由此与其他班甚至其他年级的人以书写的方式开展哲学互动。

第三节　建立评价体系

儿童哲学的教育评价可以分为课程评价（“儿童哲学这门课有效果吗”）、教师评价（“这位儿童哲学老师教得怎么样”）和学习评价（“某位同学在儿童哲学课上学得怎么样”）三类。课程评价应由专业的教育研究者通过测量学方法来完成，教师评价则应由专业的教研

① 儿童哲学课通常没有很多书写活动，因此多人共用一张桌子即可。当同组学生之间距离更近时，他们能用让自己更舒服的音量交流，而不需要提高音量说话。

② 席地而坐时，学生感到更加放松，讨论时也更加轻松自如。

员、教学论专家根据评价目的和情境来设计，儿童哲学教师需要思考的主要是学习评价的问题，因此本节主要探讨学习评价的体系。

儿童哲学的学习评价设计相较于其他课程更加复杂和困难。一方面，儿童哲学不为每节课规定固定的目标，允许师生在课堂教学中共同生成学习目标，而且所生成的目标可能远远超出教师的预想，因此学习评价并不能简单地考查“是否达成了预定目标”。另一方面，儿童哲学要取得学习效果，就需要有友善、轻松、包容、自如的情感氛围，但一旦引入评价，又极其容易引发竞争、焦虑、敌对、做作的情感，从而破坏学习效果。学习评价的本意是促进学习，如果评价带来的情感氛围阻碍了学习，就会适得其反。因此，教师进行评价设计时应首先考虑“谁”利用“哪些”评价信息“做什么”，只收集有利于促进学习的最低限度的评价信息，避免过度评价带来的负面效果。在教育评价的众多理论中，形成性评价（formative assessment）能够较好地解决上述问题。

如果教师、学习者或其同伴引出、解释和运用关于学生成就的证据，以做出关于下一步教与学的决策，而且这种决策比缺乏证据时做出的决策可能更好或更可靠，那么这种评价就是形成性的。举例来说，传统的（非形成性的）评价就像公路上的超速摄像头，它们也许能准确地评价一辆车是否超速，但只能在车辆已经超速后让车主收到罚单，无法实时告知车主并提醒车主减速；形成性评价更类似于导航软件发出的“限速 60 千米 / 时，您已超速，请减速”的语音提示，它让学习者随时明白“我要达到什么目标”“我现在做得怎么样”“我该怎样达到目标”。①

① 迪伦·威廉．融于教学的形成性评价：原著第 2 版［M］．王少非，译．南京：江苏凤凰科学技术出版社，2021：61-65.

一、与学生讨论什么是“更理想的”儿童哲学探究

儿童是哲学探究的主体，也是学习的主人。教师除了将来自国家、地方或学校的评价标准清晰地分享和传达给学生，还可以邀请学生参与评价的设计，通过一系列例子与儿童探讨“什么样的探究是更理想的”。

儿童不擅长用抽象的语言讨论评价标准，但很擅长基于具体的例子提出自己的意见。教师可以先呈现一些负面例子（呈现时不要指出这个例子是负面的），听听学生对这些例子的意见。这些负面例子最好来自平时的真实课堂事件，但教师要做足够的改编和创作，让学生无法认得其来源。例如，某节课上教师听到了一句不友善的发言，便可以记录下来并加以改编后，拿到课上让学生讨论：“你喜欢这样的发言吗？如果要表达这样的意思，怎么说更好？”然后师生一起编写一个正面例子（即如何用友善的语言表达相似的意思）。在这个过程中，师生也就自然而然地针对“什么是更理想的发言”达成共识。

以下提供了运用负面例子来讨论评价维度的五个示例，其中给出的正面例子仅供教师参考，我们更建议教师在课堂上与学生一起编写正面例子。

示例 1：反驳对事不对人

负面例子：“我要反驳 ×××，你说海因兹偷药是对的，说明你喜欢偷东西！”

解析：在论辩中，针对个人的攻击是一种典型的诡辩。课堂中典型的例子还有“脑子有问题才会这么想”“你傻不傻”等。好人可能因为各种原因而持有错误的观点，坏人也可能因为各种原因而主张正确的观点，观点对错与个人品质好坏没有必然的关系，因此孔

子才说“君子不以言举人，不以人废言”（《论语·卫灵公篇》）。教师可以引导学生将“观点”和“人”区别开。

正面例子：“我要反驳 ××× 的观点。如果海因兹偷药是对的，那么我是不是可以为了避免被老师骂而偷同学的作业交上去呢？”

示例 2：开怀大笑而不嘲笑

负面例子：“哈哈哈，这么简单的字你也能读错！”

解析：儿童哲学课上总是充满欢声笑语，学生会被各种充满想象力的点子或巧妙的论证手法逗笑，但轻蔑的嘲笑或辛辣的讽刺又可能破坏探究团体的友好氛围。学生可能难以在善意的笑和嘲笑之间划清界限。一个实用（但不一定永远准确）的规则就是将心比心、换位思考：如果你觉得这种时候别人笑起来会让自己尴尬，那么你也不要在这种时候笑别人。

正面例子：在同学读错字时友善地提醒，但不嘲笑。

示例 3：不说别人的隐私

负面例子：“我认为学习不一定要有很好的环境。比如我们班 ××× 的爸妈闹离婚，天天吵架，但是他的学习成绩依然很好。”

解析：学生为了举例子，会不经意说出一些隐私或不适合公开讨论的话题，导致探究团体失去安全感。因此教师需要与学生探讨关于隐私的问题。学生可能不清楚哪些信息属于一个人的隐私，一种简便的判断方法是，只要是他人不愿意公开的个人信息，就属于隐私。要避免泄露隐私，最好在举例子的时候匿名化，不出现任何能让人猜到主人公是谁的个人信息。

正面例子：“我认为学习不一定要有很好的环境。我听其他班的同学讲过一个真实的故事，有位同学的爸妈闹离婚，天天吵架，但是他的学习成绩依然很好。”

示例 4：谁都必须讲道理

负面例子："我觉得这个观点是对的，因为我妈说它是对的，我妈妈是大学教授。"

解析：儿童可能会把任何一个具有权威的人（父母、老师、专家等）的话看成是不可挑战的。只有经历一段时间的儿童哲学探究，儿童才会逐渐意识到一个人是因为有道理所以才是权威，而非因为是权威所以有道理。换句话说，任何一个人，哪怕是权威，在发表观点的时候都必须摆事实、讲道理，而这些事实和道理也都需要接受批判性的检查。所以，在学生援引权威的观点作为论证时，教师可以追问：这个权威这么说，又是根据什么理由呢？

正面例子："我妈妈觉得这个观点是对的，她的理由是……我觉得她的理由很有说服力。"

示例 5：别人也许也有理

负面例子："我都说得这么清楚了，你还有什么意见？"

解析：儿童可能认为世界上所有问题都有唯一的标准答案，所以如果自己的观点有道理，其他所有观点就必然是没有道理的。但是，哲学问题恰恰见仁见智，不同的人在不同语境下提出的理由，对于各自的语境可能都是有效的，因此可能出现"我们都有道理"的情况。一个优秀的思考者完全可以同时做到"对自己的理由感到自信"和"耐心倾听对方的理由"。

正面例子："我把我的理由说清楚了，我想听听你的理由是什么。"

二、随时根据学生学习情况调整教学

相对于以教师讲授为主的传统教学，在由儿童唱主角的儿童哲学探究中，教师更容易观察到学生的学习情况。这是因为儿童哲学课的大部分时间都在进行学生自主的、自组织的学习活动，无论是阅读刺激物、提出问题、小组讨论、全班发言，都很容易展现学生的学习情况，暴露存在的问题。例如，如果学生在提问环节所提出的问题与刺激物内容高度相符，那么教师就可以判断出儿童已经准确地理解了刺激物，而不需要另外安排一场阅读理解测验。一旦教学中暴露问题，教师可以及时采取补救性教学措施，或调整教学目标、教学进度。以下是对儿童哲学课学习情况的常见观察点及相应教学措施（表2–1）。

表2–1　儿童哲学课的形成性评价观察点及补救措施

观察点	观察内容	常用补救措施
学生是否读懂刺激物	以下现象说明学生读不懂刺激物： ——朗读时音量小、语速慢 ——朗读时读破句、读错字词 ——难以针对刺激物提问 ——提问或观点与刺激物不符	换一种形式再读一遍刺激物；由教师或学生用生动的口语复述刺激物
问题是否太深（思维难度大）	以下现象说明问题对学生而言太深： ——只有能力最强的学生举手 ——学生只能讲观点但缺乏理由 ——教师追问时无法继续论述 ——学生之间无法互相回应	将问题换一个问法，或让学生先讨论更基础的问题
问题是否太浅（缺乏思维启发性）	以下现象说明问题对学生而言太浅： ——答案的数量很多但层次相近 ——大部分回答基于相似的思路 ——每个人都坚持一开始的观点，没有发生观点的转变 ——讨论中没有提出新的问题	总结出已有答案的共同特点，然后请同学想想有没有别的思路；从当前问题中引出一个更深的问题

续表

观察点	观察内容	常用补救措施
问题是否有吸引力	以下现象说明问题缺乏吸引力： ——举手人数少 ——发言总是很短，缺乏内容 ——一些学生开始打哈欠或叹气 ——学生开始重复说已有的观点	对本问题进行简短总结后进入下一个问题的讨论
探究团体氛围是否良好	以下现象说明探究团体氛围不佳： ——讨论时沉默寡言 ——发言音量小，学生眼神闪烁 ——出现攻击性、嘲讽性的表达方式 ——出现人际冲突	开展破冰游戏或团建活动；针对已经发生的事开诚布公地讨论

三、提供关于整个团体学习情况的具体反馈

学生需要获得关于自身学习情况的反馈，但是在儿童哲学评价中，学生是在整个探究共同体中进行思考、表达和发展的。例如，A 同学非常擅长在别的同学观点基础上加以完善，形成新的观点，但假如某节课其他同学都不发言，或提出的观点质量都极低，A 同学也就展现不出能力。又如，B 同学思想深邃但有些自卑，在友好的团体中妙语连珠，但在竞争氛围激烈的群体里就焦虑得说不出话来。因此，我们不仅要评价某个个体学得怎么样，更要评价整个共同体学得怎么样。

如何让整个探究团体及其中的各小组了解自身的学习状况？团体评价是一个很好的办法。团体评价与同伴“互评”不同，因为“互评”仍是针对个体的评价，即“由同伴来评价我做得怎么样”。团体评价则意味着“我们一起来评价我们做得怎么样”。具体来说，

在每一次探究结束时，教师可以从下列问题（每一个问题同时也是一项评价指标）中选取几条，请学生用手势、发言或无记名问卷等方式表达自己的想法。

今天别人认真倾听我的发言了吗？

今天别人打断我的发言了吗？

今天大多数人都发言了吗？

今天别人有没有尊重我的观点？

今天别人有没有误解我的意思？

今天别人发言时有没有回应我的观点？

今天我有没有回应别人的观点？

今天我有没有努力把话说得简洁？

今天我有没有为我的观点说明理由？

今天我有没有为我的观点举例子？

今天我们有没有从多种多样的角度进行思考？

今天我们的讨论有没有离题？

今天的讨论有没有让我的思考向前推进？

今天的讨论有没有让我产生一些新想法？

今天的讨论有趣吗？①

教师收集完评价信息，一方面可以用于改进自己的教学，另一方面也可以将统计结果告知学生，与他们一起商量如何改进。在儿童哲学课的第一个月、半个学期或一个学期结束时，教师也可以请

① 得居千照，河野哲也．子どもの哲学における対話型教育の評価法：道徳教育と総合的な学習への導入を視野にいれて［J］．立教大学教育学科研究年報，2018（61）：3–26.
得居千照，河野哲也．儿童哲学对话型教育的评价方法：融入道德教育和综合学习的视野［J］．立教大学教育学科研究年报，2018（61）：3–26.

团体中全体成员针对整个团体的情况进行类似的评价。

四、在评价中鼓励合作而非竞争

无论是在学校生活、课外活动还是在电子游戏中，都充斥着“考试”“比赛”“排位”“级别”“奖项”“头衔”等竞争性概念，因此儿童也很可能套用竞争性的思维来理解儿童哲学课，认为这是一场比“谁发言最多”“谁说得最好”“谁能把别人驳得哑口无言”“谁显得最聪明”或“谁知识量最大”的竞赛，以至于有时会在课堂上背诵一些与哲学问题没有实际联系的名言警句或百科知识。这种竞争性氛围很容易破坏探究团体的安全氛围，最后只有少数最自信的学生敢于举手发言。这也会导致发言质量的降低，因为所有发言者将朝着单一的标准（如何显得聪明）来调整自己的发言，而非追求观点、理由的多样化和创造性。

要降低儿童哲学课的竞争氛围，可从三方面来改进评价行为。

1. 使用具体的口语反馈，而非分数和等级

分数和等级让部分高分者更加努力，却会让低分者失去动力，从而加剧课堂的两极分化。将分数和等级与评语并用，也无法取得良好的效果。教师最好在探究进行的过程中，及时针对学生的某一种具体行为（如提问题、表达观点、举例子、做论证等）进行口头反馈。反馈的重点不是从客观上评论这种行为的好坏（如“你同桌还在发言，你就把手举得高高的，这样很不礼貌”），而是这种行为带给其他参与者的主观感受（如“若你还在发言的时候，别人就把手举得高高的想代你发言，你的感受如何”）以及这种行为对整个探究进程的影响（如“你的音量比较小，我可以走到你身边听你说，但远处的同学听不见，没有办法回应你的观点”）。这种具体反馈，加上对于学习策略的简要指导，最有利于学生改进。

2. 根据“是否达到标准”而非“是否胜过同伴”来评价

如果根据学生在某方面“是否胜过同伴”（如“你是举手次数最多的”“你的发言最有逻辑”等）来评价，对这些表现超过同伴的学生给予激励，就会给学生很强的竞争暗示。所以，如果教师要给学生提供某些激励作为外部动机，就应该设定一个绝对的标准（如“每节课上至少有一次举了手”“在别人说话时认真倾听”等），而非相对的标准（如“发言次数最多”）。在表扬学生时，教师要注意慎用“比较级”（如“比其他同学深刻”）、“最高级”（如“最精彩”）形容词，尽量使用与具体思维操作相关的动词来评价（如“能说明理由”“使用了逆向思考”“举了一个很好懂的例子”）。其实，那些经常举手、发言质量很高的学生本身就对儿童哲学课有很强的内部动机，不需要外部动机作为补充。对这些学生，教师可以通过设定更高的标准（如“你很擅长举例子，今后可以挑战一下，用更简洁的语言来描述你的例子”）来促进他们成长。

3. 只鼓励与合作相关的竞争

儿童哲学课上唯一应当鼓励的“竞争”就是“争着去合作”。教师可以在课堂上努力观察下列行为，并对做出这些行为的学生进行肯定：在同伴遇到困难时，友善地提供帮助；积极参与小组讨论，帮助小组同学完善想法；在其他学生说完后，为其补充论据或论证；在其他学生有精彩发言时，以“点赞”（做一个竖大拇指的手势）、鼓掌等方式表达肯定；在其他学生感到困窘时，表达支持和共情；鼓励其他同学勇敢举手发言或上台；愿意将自己的发言机会让给其他学生。通过评价对探究团体的氛围进行一段时间的调节后，学生之间不难形成一种合作的而非竞争的风气。例如，当一个学生不敢站起来发言时，其他学生不再面向老师喊“让我来”，而是转向那个不敢发言的学生友善地说：“别害怕，你可以的。”

思考题

1. 在你从小到大的经历中，什么样的团体（包括正式的班级、社团等，也包括非正式的小圈子、饭局等）让你感到最能畅所欲言，成员之间也最能激发出有趣的想法？为什么该团体具有这样的特点？这对于儿童哲学探究团体的创建有何启发？

2. 与同伴一起设计一个营造团体动力的小游戏，并试着玩一次，记录参与者的感受。

3. 除了本章第二节介绍的儿童哲学团体规则，你觉得还应该制定哪些规则？试举出你觉得最重要的一条，并将其改成“选择题”形式。

4. 在你所在的学校找一间教室，说说该教室需要再做哪些改造才能成为一间适合开展哲学探究的教室，试画出设计草图。

5. 本章第三节介绍了儿童哲学教育的学习评价，但未涉及教师评价。学完第三、四章后，请你试着为儿童哲学教师评价设计几条基本的评价标准。

第 三 章

儿童哲学课堂教学过程

在儿童哲学课堂教学过程中，新手型教师最常产生这些困惑："我是在教儿童哲学吗？""这样的课是儿童哲学课吗？""学生讨论得很热烈，但我不知道这是不是哲学讨论。"本章主要阐明儿童哲学课堂教学的基本过程，让教师能组织一次"合格的"探究；下一章则进一步探讨教师如何运用一些高阶的教学策略来促进探究的深化，让教师能促成一次"精彩的"探究。

本章将儿童哲学课的基本结构总结为三个要件：首先，儿童哲学课往往开始于一个能引发深入讨论的问题情境（本章第一节）。一个引人深思的问题情境让学生对课堂充满兴趣，并自发地启动探究。其次，基于事先设计好的互动框架，师生和生生之间开展探究对话（本章第二节）。互动框架确保学生能畅所欲言，不过多地受到教师的干预，使课堂的思想之流不断有活水汇入，一点点地流向思想深处，而不至于停留在浅表。最后，教师脑中要对探究的可能成果有所预想，形成一定的目标意识（本章第三节）。怀着目标意识去观察课堂，教师才能随时随地发现学生在课堂上的各种成长，并且在每一次课程结束时通过总结来强化学习成果。

第一节 引入问题情境

问题对于哲学的重要性毋庸赘言。哲学探究开始于问题，探究的终点不一定是问题的解答，而有可能是对问题本身的质疑、修订或者新问题的提出。儿童哲学不能将专业哲学理论中的问题直接抛给儿童，而要将儿童带入一个他们感兴趣并能理解的问题情境，在这个情境下，哲学探究会自然而然地生发。

一、问题情境的构成

问题情境主要是由刺激物和前理解共同构成的。

顾名思义，刺激物就是能刺激儿童产生好奇心和探究欲的一切文本。在此，文本并不一定以文字为载体：除了绘本、寓言、童话、成语、歇后语、名言、新闻、诗歌、哲学小说、思想实验等以文字为载体的文本，也可以是影视片段、动画片、图像、游戏、实物等，这些都可以在广义上称为文本。尽管可供选择的刺激物范围颇广，但其只有符合“可理解”和“可争辩”两项标准才能刺激儿童思考。

“可理解”意味着儿童要能读懂文本，并且能在文本与自身生活经验之间建立联系。例如，对于不熟悉欧洲中世纪历史的儿童而言，《十日谈》中的故事可能无法成为很好的刺激物。为了避免儿童无法读懂文本，教师可以在课前请几个学生来试读一遍，让他们帮助自己评估文本的难度。在刺激物涉及外语（例如外语动画片）、古文时，教师要尤其关注文本的可理解性。为了降低理解的难度，教师可以将外语影片重新用中文配音，将古文翻译成白话文甚至改写为一个现代背景的故事，等等。

“可争辩”则意味着刺激物应能打开丰富的讨论空间，而非指向一个不容置疑的结论。[①] 例如，同为形容刻苦学习的成语，“悬梁刺股”可能比“囊萤映雪”更有可争辩性，因为“囊萤映雪”是贫寒家庭的学子求学时的无奈之举，方法上无可替代，伦理上也无可指责，我们读完故事除钦佩外很难有别的感情；但“悬梁刺股”则似乎是不太理性也不太值得鼓励的学习方法，学生可以从中感受到“不顾困难坚持学习”与“遇到困难改变策略”之间的张力，从而展开讨论。

同一个刺激物，在不同的团体中使用时，也会引发儿童不同的提问和思考。之所以如此，是因为每一个儿童都有自己独特的前理解（如背景知识、生活经验等），他们带着不同的前理解去阅读文本，就会读出不同的意义。教师如果希望使用刺激物来引发某些特定的哲学探讨，就一定要考虑学生是否具有相应的前理解。例如，年龄太小、还未体验过班干部制度的学生，就较难讨论“要选学霸当班长吗”的问题。又如，探讨“男生要不要做家务”这类问题时，男同学和女同学也会有不同的经验、不同的视角，由此提出不同的问题。

把刺激物和儿童的前理解结合起来考虑，就构成了儿童哲学意义上的问题情境。问题情境，决定了儿童在探究中会提出什么问题、怎么思考问题。

二、两种问题情境与两种课型

儿童哲学问题情境可以大致分为开放式和结构式两种。使用这两种情境的课型也分别称为开放式课型和结构式课型。简单地说，开放式情境给学生一个意义非常丰富的刺激物，学生可以提出很多不同的问题。结构式情境则给学生一个精心设计的、有结构的刺激

① TOPPING K J，TRICKEY S，CLEGHORN P. A teacher's guide to Philosophy for Children［M］.New York & Abingdon：Routledge，2019：5.

物。在探究过程中，刺激物分阶段逐步呈现，每一阶段都只引发学生对某一个特定问题的思考。本书提供的儿童哲学案例中，兼有这两种问题情境。两种问题情境的差异见表 3-1。

表 3-1 开放式情境与结构式情境的对比

问题情境	开放式情境	结构式情境
典型案例	愚公要移山吗？	这是椅子吗？
刺激物	通常不是专为哲学目的写作的（成语故事、名著等）	通常是专为哲学训练的目的而设计的（如哲学小说、思想实验等）
前理解	学生带着多样化的前理解进入开放式情境后，可能产生许多不同视角和不同语境下的诠释	意在挑战学生脑中某些特定的前理解（通常是一些未经反思的常识或直觉）
哲学问题	引发学生展开对许多不同哲学问题的讨论，其中一些问题的出现可能是教师没有预想到的	在每一阶段只引发学生对某类特定哲学问题的讨论，教师对学生的思考轨迹可以有较清晰的预判
互动框架	一次性向学生展示情境的全部内容，然后学生自主提问，讨论感兴趣的问题	每一阶段只展示情境的一部分，讨论教师提出的问题，完成这一阶段后再展示下一部分
歧义解读	当学生对文本中有歧义的地方产生疑问时，教师通常鼓励学生自己提出不同的解读	当学生对文本中有歧义的地方产生疑问时，教师通常直接给出回答，以确保全班对情境有相同的理解
对应课型	开放式课型	结构式课型

这两种问题情境没有优劣之分，教师要根据学习目标和刺激物的特点，选择合适的来运用。

三、问题情境的呈现

一节儿童哲学课要取得成果，就必须确保问题情境始终是学生的关注重心，其他信息不能喧宾夺主。但有时学生的讨论不能紧扣问题情境，而是抓住老师或同学发言中某个无关紧要的词或观点发散开去，最后离题万里。[①] 之所以出现这种状况，往往是因为问题情境只在一节课开头出现，儿童并没有那么强的意义记忆能力[②]，因此不能在短时间内记住问题情境并始终带着这个情境进入漫长的讨论。为此，教师要想办法让学生在需要时始终能看到问题情境。假设我们以一篇成语故事作为刺激物，那么教师可以把故事始终显示在屏幕上，也可以把故事中的人物、关系和事件画成示意图并将其始终展示在黑板的一角，还可以事先把故事印在讲义上发给每个学生。总之，要让学生能随时“回到”问题情境中。

第二节　开展探究对话

儿童哲学探究主要是师生和生生之间的对话过程，教师要想把一场探究组织好，最重要的是设计并执行好互动框架。

互动框架，指的是在探究的各个阶段依次采取的用来开展师生对话和生生对话的模式。换言之，互动框架解决的是“谁可以表达”“什么时候可以表达”“对谁表达”“用什么方式表达”和“表达什么”的问题。

---

① 不过，有时离题也是好事，因离题而讨论到的话题也许比预设的话题更有深度。

② 人们常说儿童记忆力特别强，其实儿童擅长的是机械记忆，而非意义记忆。

一般来说，儿童哲学探究对话会经历三个阶段：提出问题和选择问题；讨论问题和形成观点；深化思维和延伸讨论（结构式课型中，由于只讨论教师提出的问题，故可省去第一个阶段）。每一阶段都有多种互动模式可供选择。当我们选择了一系列合适的互动模式，将其按合适的顺序组合在一起，就构成了整节课的互动框架。好的互动框架能让想表达的人畅所欲言，让大多数人都有一定的表达机会，让不善表达的人也能以书写、倾听等方式深度参与，推动哲学对话不断走向深入。以下为三个阶段可以采取的互动模式。

一、提出问题和选择问题

本阶段是开放式探究的关键环节，只有提出了足够多有意义的问题，才能从中选择出最值得探究的一两个作为对话的主题。提问能力本身也是儿童哲学课要培养的重要能力。但是，提问题也非常花费时间。因此本阶段的各种互动模式主要是帮助师生在尽量短的时间内生成足够多的提问。

1. 同时写（头脑风暴）

同时写是一种头脑风暴活动，是小组合作学习中最常见的发散性思维活动，很适合用于提出问题。请小组的学生相向而坐围成一个小圈，每个学生在一张纸上写下自己想问的问题，1 分钟后将纸传给自己右边的同学，并在自己左边同学传过来的纸上继续写（既不能重复纸上已有的问题，也不能重复自己已经在上一张纸上写过的问题）。以每组 3 人为例，一次同时写活动大约耗时 3 分钟。由于学生可以受到他人所写问题的启发，且整个互动过程采取书面方式安静地进行，不会互相干扰，因此这种方法一般能形成大量的问题。

请学生书写问题时，教师可以使用一些提问工具（图 3-1），这会大大拓展学生的思路。

审辩性思维	……为什么要……?
	……为什么不……?
	真的……吗?
创造性思维	如果……会怎样?
	……之后会发生什么?
	……还有哪些可能?
关怀性思维	如果是……会怎么看?
	如果你是……会怎么做?
	……应怎样做更好?
概念性思维	什么是……?
	……与……有什么不同?
	为什么把……叫作……?

图 3–1　儿童哲学“四思”提问工具

书写过程中，若学生表现得非常认真但提出的问题过少，则可能说明问题情境不好理解，或者没有与学生生活经验建立联系。若学生显得缺乏兴趣，则可能说明问题情境对学生来说没有足够的吸引力。教师观察到这些情形时不必慌张，静下来想想如何补救。通常，教师需要先暂停讨论，然后用生动有趣的方式再次将问题情境中关键的、包含了争议或冲突的要素呈现出来——若实在不起作用，则不妨临时改变探究话题（教师应有一两个备选的话题用于在课上救急）。

2. 小组汇报问题

学生在组内提问后，一般会以小组汇报的方式向全班分享本组提的问题，可按小组的编号顺序或座位顺序依次发言，每组由一位代表汇报，汇报后组内其他成员可以补充，但每一组的汇报应规定一个总时长。后面发言的小组，所提问题不能和前面的重复（这可以训练学生认真倾听的能力，也可以促使小组在之前的组内提问环节尽可能提更多的问题来备用）。为了避免先发言的小组把所有的问题或观点都讲了，教师应规定每个组最多可以汇报几个问题（一般规定为 1 个或 2 个）。在小组汇报时，教师应将大家所提的问题记录下来（也可以派小组代表来书写）。

3. 投票选问题

各组汇报完所有的问题（通常会有 10～20 个）后，教师请全体学生闭眼，然后依次朗读所有问题，朗读过程中请愿意讨论该问题的学生举手；可以规定每人最多投 3 票。要学生闭眼后再投票，主要是为了避免从众心理的影响。

投票结果揭晓后，建议教师立即以拍照的形式将结果记录下来（因为黑板可能很快就需要清空以记录下一步的讨论内容）。原则上应该从得票最多的问题开始讨论，但教师也可以将实质上相同的问题归并起来一起讨论。或者，当 A 问题是 B 问题的前提时（例如，“住在井里到底好不好”是“井底之蛙要不要去井外的世界闯荡”的前提性问题），教师可以建议学生先讨论 A 问题，尽管 A 问题的票数可能比 B 问题少。

一旦选出要讨论的问题，课堂就转入了讨论问题的阶段。不过，在讨论的过程中，还是会有新的问题冒出来。这些新的问题可能是特别有哲学价值的，因此，教师在此后的讨论中不必禁止学生提出新问题，且一旦有了新问题，可随时用不同颜色的笔记录在黑板上，以引起大家关注。

4. 海报法

很多学校的儿童哲学课只有 40 分钟，教师也许需要一些更快的方法来收集问题，可以在课前给每个组发 2 张 A4 纸[①]和几支水彩

① A4 纸及下文中的 A3 纸均是由国际标准化组织定义的、规格固定的纸张。

笔，请每个组将最想提的 2 个问题用粗体大字写在纸上（每张纸限写 1 个问题），做成“海报”。各组同时派学生上台，将 2 张“海报”用磁贴贴在黑板上。接着，教师直接统计黑板上的问题有无重复的或类似的；如果有，这就是大家普遍关心的问题。除了普遍关心的问题，教师也可以自行选择比较有趣或有深度的问题来讨论。以此方法，教师大约可以在 5 分钟内完成问题的收集。

二、讨论问题和形成观点

这一阶段对于开放式探究和结构式探究来说都是最核心的部分。本阶段的互动模式要解决一个基本矛盾：既要促使全体学生都深入思考、积极表达（而不是被动等待“有想法的”同学），又要确保课堂纪律和对话秩序（避免因想发言的人太多而陷入混乱）。良好的互动模式需要在秩序与活力之间取得平衡。

1. 小组讨论

进入讨论问题的阶段后，教师可以先安排 3 分钟左右的小组讨论。这个环节能预先筛选，去掉那些欠考虑的观点（这些观点在小组内就会被反驳），也有助于让表达欲特别旺盛的学生先表达一番，免得在全班讨论时他们要等待很久才有机会表达。

小组讨论时，教师应该不停地在各组之间走动，观察学生的所写所说，对不太自信的学生随时加以鼓励，对已经有想法的学生，鼓励他们写得 / 说得更多。看到比较沉默的小组，教师也可以蹲下来参与讨论，用追问、反问等方式调动小组的讨论氛围。

小组讨论后，既可以直接进入全班自由举手发言的阶段，也可以先请每个组口头汇报自己的讨论结果。

2. 绘制“观点树”

当小组数量较多时，每个组口头汇报自己的讨论结果会花很长时间，这时教师可以请每个组将讨论中的所思所得在面积较大的纸或黑板上绘制成“观点树”。“观点树”的“树根”是所探究的问题，“树枝”是对于这个问题的不同观点，“树叶”则是每种观点背后的理由或论据，实例如图 3–2 所示。

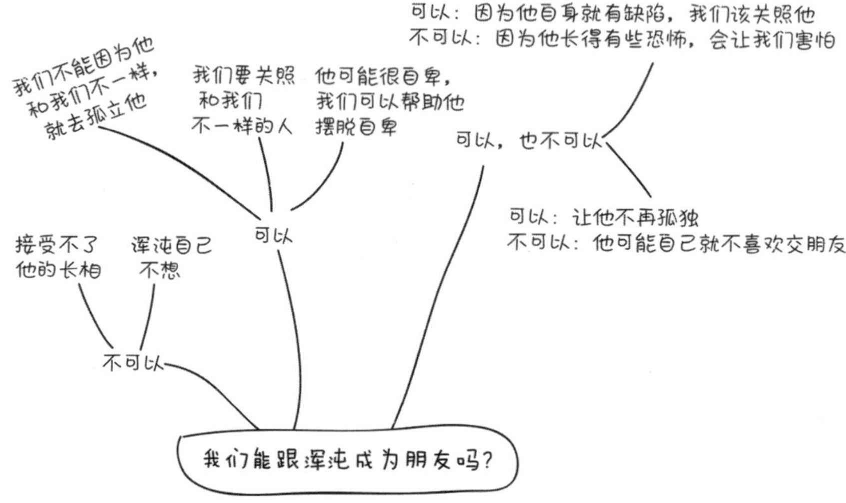

图 3–2　儿童哲学探究中的“观点树”（实例）

绘制“观点树”的任务可以让每一个小组都意识到组内的观点是多元的，每一种观点背后都可能有自己的理由，从而避免思考的片面和偏激。由于“观点树”已经以书面方式呈现了讨论的经过和结果，教师就不需要再请各组一一汇报，只需安排 3～5 分钟时间让全体学生在教室内自由走动，欣赏其他组绘制的“观点树”。

3. 自由举手发言

这是刚开始从事儿童哲学的教师最适应的互动模式。与传统课堂相似，任何想发言的学生都可以举手，经教师允许后发言。在问题讨论的初期，当想表达的学生还不多的时候，这是一种可行的模式。在这种模式下，通常是最外向、最善于表达的学生举手，他们的观点有可能刺激大多数人产生进一步的想法。

讨论时，教师需要在黑板（或屏幕）上记录学生的想法，从而无暇顾及点名让学生发言这件事。为了解决这个问题，教师可以选择一个学生担任主持人，负责点名发言（可要求这个学生秉持公正原则，尽量点从未举过手的人）。若某些学生因过于好动而有破坏课堂秩序的风险，请这样的学生来担任主持人也可以改善其课堂行为。此外还有一种方法，即规定每一个学生在结束自己的发言时，负责选出下一个发言的学生。

为了避免单个学生发言时间过长，教师可以准备一个便携式计时器，并安排一个学生负责提醒发言的学生控制时间。

4. 按固定顺序发言

在讨论进入白热化时，想发言的学生很多，如果再采取自由举手发言，会因为教师犹豫点哪个学生而浪费一些时间，而教师的决定又很容易被质疑（“老师你点他两次了，但一次都不点我”）。这时候教师不妨让学生按座位（或小组）顺序轮流发言。

5. 随机抽学生发言

儿童哲学课开展了一段时间后，课堂讨论一般比较活跃，学生也感到课堂气氛足够安全，这时教师就应当思考如何让那些不愿举手的学生也参与课堂。教师应避免说“你很少发言，不如就请你说说”，因为这会让不敢发言的学生以为自己受到惩罚，从而更加焦虑。教师可以使用卡片、扑克牌或电脑软件来随机抽取发言的学生，由于随机抽取是“天意”，被抽到的学生通常不会有怨言。如果经过 10 秒钟左右的等待，抽到的学生确实什么都没想好，教师就可以说：“没关系，你可能有一个想法，还需要思考。要不你先想一会儿，我们等会儿再请你发言，可以吗？”在此情况下，教师务必记得在 3~5 分钟后再次询问这个学生。对于确实内向害羞的学生，教师也不必强求。这些学生很可能在静静倾听的时候一直在跟其他学生一起思考。也许他们更愿意以书面而不是口头的形式表达。

抽取学生发言的模式最好用于讨论一个问题的最初阶段，因为这时候学生还未提出任何观点，被抽到的学生即使没有很独特的思考角度，也至少可以讲一讲最基本的观点。

6. ABCD 卡：让每个学生都表明态度

为了让全体学生都参与思考，教师可以随时让学生用举手的方式（“我们做个小调查，请赞成 / 反对这种观点的同学举手”）都表明自己的态度。不过，举手只能简单表示赞成或反对，教师如果要学生针对更复杂的“单选题”甚至“多选题”表达意见，就需要使用 ABCD 卡。[①]

ABCD 卡指的是教师事先制作好正反面都写有同一个字母的卡片，并放在每个学生桌上，在进行小调查时，这些卡片代表 A、B、C、D 4 个选项（如果不够用，可以换成 A 到 G 共 7 张卡）。在讨论进行中，教师可以随时针对当前正在热议的某个问题编制若干个选项，供学生表态。例如，讨论“愚公移山”成语故事（参见本书第六章）时，教师可以开展如下调查。

愚公做出移山的决定前，应该考虑哪些人的意见？

A. 妻子；

B. 子孙后代；

C. 其他村民；

D. 山上的居民；

E. 海边的居民；

① 迪伦 · 威廉 . 融于教学的形成性评价：原著第 2 版［M］. 王少非，译 . 南京：江苏凤凰科学技术出版社，2021：130–133.

F. 参与移山的人；

G. 其他人。

教师展示问题和选项后，学生既可以一张也不选（表示“不需要考虑任何人的意见”），也可以选其中任意多张，或全部都选。学生展示自己选出的卡片后，教师可以让学生看看组内其他学生的意见与自己的有什么不同，针对分歧进行讨论；也可以针对班上出现的每一种组合（例如“选了 ABC 的”和“选了 ABCDE 的”）随机选一个学生来采访，请该学生说明选择这几个选项的理由。在讨论过程中，教师应当允许和鼓励任何一个学生中途改变自己的选择。

学生有可能将这类观点调查与投票表决混淆，以为得票更多的观点就是“正确的”或“获胜了”。因此教师在进行这类调查前，一定要告知学生：真理往往掌握在少数人手中，针对观点进行投票只是为了让每个人都表达，并不需要少数人服从多数人的观点。

三、深化思维和延伸讨论

儿童哲学对话是没有明确“终点”的。下课前，无论师生取得了什么样的认识进展，都只是暂时的结论。哲学问题的复杂性和趣味性，促使师生在课后不断继续思考。下课后学生围着教师想要继续讨论、在走廊中与同伴边走边讨论、回到家又与家人讨论的情景都非常常见。因此一堂课结束前，教师除了通过总结对本节课的探究成果加以肯定，还可以通过哲思写作任务，使对话从课堂延伸到课后，甚至延伸到其他班级、其他年级的学生之间。

1. 教师总结

在一节课的最后 2～5 分钟，教师可以安排一个总结环节。这一环节有两个任务：一是对学生在讨论中呈现出来的符合教育目的或课程目标的观点、行为进行肯定；二是对学生提出的价值观念、思想方法和哲理智慧进行有意识的提炼和点拨（最好将所涉及的字词写在黑板上，帮助学生加深印象）。为了让学生感受到每个人的发言都对最终探究成果的生成做出了贡献，教师可以再简要地回顾一遍整个讨论历程，并对其中关键的概念、观点、论证做梳理；在学生逐渐熟悉哲学探究流程后，也可以请几个学生来帮忙总结。

教师在表扬学生时，务必做到具体、真诚，多赞扬学生的学习过程（例如，他们的努力，他们使用的学习策略，他们的认真倾听、互相帮助、大胆表达，等等）以及他们对待学习持之以恒的精神。

2. 哲思写作

一般来说，儿童哲学课不需要布置作业。但对哲学讨论特别感兴趣的学生而言，每周仅一次的短暂课堂是完全不够的。教师可以布置一些选做的写作任务，来刺激这些学有所长的学生用课后时间充分地写下自己思考的内容。

教师收到学生完成得较好的哲学作品，最好不要用物质性的奖励来激励，可以将作品在走廊橱窗、宣传栏等较正式的场合展示，或者请作者在班上进行一次演讲来展示自己的作品。定期将优秀作品编辑起来印成文集，或创办一本学校自己的儿童哲学刊物，则是更好的选择。看到自己的作品变成铅字，对儿童来说是莫大的鼓励。

3. 各种互动模式的比较和兼顾

前面提到的各种互动模式，有的是小组范围的，有的是全班范围的；有的采取口头形式，有的采取书面形式。设计意图则服务于儿童哲学探究对话的三个不同阶段。表 3-2 总结了上述互动模式的差异。教师在设计互动框架时，应该尽量兼顾小组互动和全班互动，兼顾书面交流和口头交流，并且平衡好提出问题、选择问题和讨论问题三大环节的时间比例。

表 3-2　儿童哲学课上常用的互动模式

互动模式	互动范围	互动载体	设计意图
同时写	小组	书面	提出问题
小组汇报问题	全班	口头 / 书面	提出问题
投票选问题	全班	口头	选择问题
海报法	全班	书面	提出和选择问题
小组讨论	小组	口头 / 书面	讨论问题
绘制“观点树”	全班	书面	讨论问题
自由举手发言	全班	口头	讨论问题
按固定顺序发言	全班	口头	讨论问题
随机抽学生发言	全班	口头	讨论问题
ABCD 卡	全班	口头	讨论问题
哲思写作	跨班级	书面	讨论问题

4. 互动框架的工具化

在儿童哲学课上，学生既要记住问题情境，又要记住互动的规则，还要思考自己的观点，这对学生的记忆力是极大的挑战。事实上，课堂纪律失控最常见的原因就是许多学生不记得“我们现在该干什么，下一步要做什么”，而他们之所以不记得，并不是因为没有认真听课，而是因为他们无法在脑中同时注意那么多内容。为了减少学生的记忆量，我们应该想办法把互动框架变为具体可操作的工具，使学生不必要耗费认知资源去注意“我们现在处在哪个环节，该干些什么，该遵守什么规则”。

举例来说，在使用海报法收集问题时，教师可以给学生发一些白纸用于书写他们提的问题，不妨事先在白纸上打印如下文字：

每个组将最想提的2个问题用粗体大字分别写在2张纸上（每张纸只写1个问题）；写完后，马上派一位组员上台，用磁贴把纸贴在黑板上。

这样，学生在讨论和书写时，很容易知道自己该做什么，而不需要频繁地问同学或老师。

类似地，当教师需要学生遵守发言的时间限制时，最好的方法就是把一个很容易看清的计时器摆在发言者面前。

儿童哲学课的活动多种多样，有时课堂上需要临时采取一种互动框架，如果缺乏必要的道具就难以实施，因此我们建议教师始终在教室内准备如下必要的工具：

编号为1~20的卡片，或一套扑克牌（用于随机抽取或编号）；

大量的彩色磁贴；

大量A4纸、A3纸、59厘米×44厘米海报纸等纸品；

大量彩笔和一些黑色水笔；

一张小组记分牌（行数要大于等于实际存在的小组数）；

一些彩色帽子、头饰、胸牌、袖章（用于分组、游戏和角色扮演）。

5. WRAITEC优秀思想家工具包

WRAITEC优秀思想家工具包[①]是由夏威夷大学马诺阿分校的杰克逊（Thomas Jackson）博士开发、蒙特克莱尔州立大学的格雷戈里（Maughn Gregory）博士改进的。WRAITEC是一组单词

① GREGORY M. Critical Thinking & Learning［J］. Informal Logic，2000，20（1）：18-19.

的字母缩写，每一个字母都代表在团体讨论中使用的一类思考步骤（表 3–3）。通常，教师会请学生将这些字母中的每一个都画在一张明信片那么大的卡片上并涂色装饰，他们想要做这个思考步骤，或希望他人做这个步骤的时候举起卡片示意。这套卡片是儿童哲学教室中重要的工具。

表 3–3　WRAITEC 优秀思想家工具包内容

字母	工具名称	说明	例子
W	What（是什么）	给出解释、定义或澄清	“那是什么意思”“我不理解你的意思”
R	Reasons（为什么）	给出理由或评判理由	“为什么”“这样的理由站得住脚吗”
A	Assumptions（有前提）	找出隐含的前提或假设	“为什么我们都觉得主角是男生呢？故事里明明没有写”
I	Inferences（会怎样）	两个观念如何以“如果……那么……”的关系相互推论	“如果所有人都有偏见，那你也有偏见吗”
T	Truth（真的吗）	要求核查命题的真实性	“是真的吗”“你怎么知道的”
E	Examples（举例子）	要求举出例子	“能举个例子吗”
C	Counter-examples（举反例）	针对刻板印象或过度概括	“你说素食主义者都不吃蛋，但我认识一些素食主义者，他们是吃蛋的”

WRAITEC 优秀思想家工具包有什么好处呢？

首先，WRAITEC 优秀思想家工具包是一套简单的思考工具，可以帮助学生将他们的“聊天”转变为“对话”，帮助他们看出联系、找出区别、发现隐含前提、纠正错误推论、寻找正反证据等。这样一些思考步骤推动对话向下进行，促使某种集体判断逐渐形成。

其次，WRAITEC 优秀思想家工具包能避免那种有可能破坏讨论的过度的情绪化，将论证的激情转化为有成果的对话探究。它迫使参与者给自己的情感套上一个最低限度的理性结构，但又不至于扼杀一切情感。

最后，那些更加少言寡语的学生会倾向于用 WRAITEC 优秀思想家工具包来参与探究。有了工具包中的卡片，他们就更容易表达“能说明理由吗”这样的复杂想法。

WRAITEC 优秀思想家工具包让学生能相互启发，学习如何进行有效的推理。其中的教育目标并不在于让学生掌握孤立的思考技能，而在于让他们能在一个有意义的对话情境中熟练地运用各种思考步骤。更进一步的目标在于，在需要思考的情境中，学生不仅发展出运用这些思考步骤的能力，更发展出运用这些思考步骤的习惯性倾向和促进团体探究的社会技能。

WRAITEC 优秀思想家工具包也可以用于评估讨论质量及思维活力。一种简单的操作方式就是在讨论的结尾用 5～10 分钟让学生评估自己在每一类思考步骤上做得怎么样。在评估的时候，每个学生用竖起、平放或倒竖大拇指，来代表自己做得如何，并给出一定解释。以这种方式，学生可以识别出自己和整个团体在思考上的长处和弱项。

WRAITEC 优秀思想家工具包同时也是优秀的写作工具。学生在共同讨论某个议题之后，也许会想写一篇文章，这时就可以用WRAITEC优秀思想家工具包来搭建文章结构：亮明论点、给出理由来支持论点、识别隐含前提、做出推论、检查论据来源的可信度、给出例子、回应反例。这一格式可以用来写简单的甚至复杂的文章。

第三节　渗透目标意识

儿童哲学课重视课堂生成和结论的开放性，尊重学生独特的问题和观点。但是，儿童哲学探究是否没有任何目标呢？我们认为，不能在探究开始前就明确规定必须达成什么目标和一定不能达成什么目标，但应当具有敏锐捕捉、即时生成目标的意识。举例来说，你带孩子去北京旅游，一开始设定的目标是“要去故宫博物院”，结果到北京之后发现故宫博物院临时闭馆。这时，孩子在旅游宣传册上看到了中国国家博物馆的介绍，说：“我们去中国国家博物馆吧，也能看到许多文物，学到很多历史知识。”于是你们转而去了中国国家博物馆。那么，这次北京之行实现目标了吗？当然，没有实现出发前设定的目标，但也许你们会觉得在中国国家博物馆看到的各种文物也让这次北京之行非常充实、有意义，甚至可能比去故宫博物院更加难忘。静下来想想，发现在游览过程中临时生成并意识到的“看到许多文物，学到很多历史知识”才是此行真正想要达到的目的——我们把这样的想法称为目标意识。

换言之，目标意识意味着儿童哲学教师一方面在思想意识中对于“什么可能是这场探究的目标”有一种宽泛的预想，巧妙地将这种预想隐含在刺激物和教学设计中，在儿童接近于达成目标时进行必要的支持和帮助，另一方面也允许儿童将探究推向教师没有预想到的方向，敏锐地捕捉课堂现场生成的一些始料未及的学习成果，将其吸收为学习目标，并且在一堂课的总结环节中明确地将这些成果提炼出来。

一场哲学探究给学生带来的收获可能是非常多元的，但最主要的收获可能体现在三个方面：引导学生的价值观和人生观（价值理念）；教会学生思考与表达（思想方法）；让学生形成对世界更深刻的认识（哲理智慧）。因此，教师通常可以从这三方面构筑并渗透目标意识（图 3–3）。

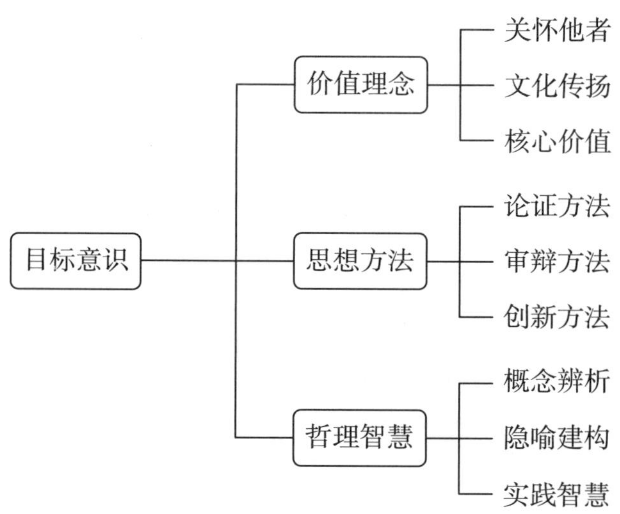

图 3–3　儿童哲学目标意识的主要维度

一、价值理念

儿童哲学中倡导的价值理念主要有三方面：①关怀他者：尝试理解和真诚关怀他者（包含人、动植物和生态环境等）。②文化传扬：认同、传播和发扬中华优秀传统文化，结合当代实际进行创造性转化和创新性发展。③核心价值：体会、认同和践行社会主义核心价值观。

以本书第六章中的“愚公要移山吗？”为例，该探究活动倡导了下列价值理念：进行工程建设的时候要考虑工程伦理，例如工人的安全和待遇、周围群众的健康以及对生态环境的长远影响；每一代人都有自己要解决的问题，我们应该做负责任的当代人，解决好发展不平衡、生态破坏、资源滥用等问题，把绿水青山留给下一代，而不是将一堆完不成的任务交给下一代；一个人致力于造福人类，即使是“知其不可而为之”也值得我们尊敬。

二、思想方法

儿童哲学若要教会学生更好地思考，就需要思想方法的训练，主要包含三类方法：①论证方法：收集并运用有效的证据来论证特定观点。②审辩方法：通过检查论证的完备性和收集负面证据，对特定观点进行批判性核查。③创新方法：在吸收对立观点各自合理性的基础上，通过构造新问题或构造新概念来提出新观点或新方案。

例如，在本书第十章“这是椅子吗？”探究活动中，教师反复引导儿童利用自己的直觉来判断什么是椅子，从而验证了“在研究哲学问题时，可以运用每个人的直觉来作为证据”这一思想方法。

三、哲理智慧

儿童哲学虽不进行哲学理论的直接教学，但在讨论的“火候”合适、学生确有需要的时候，不妨引入一些有助于解开思想迷雾的哲学概念或理论。哲学概念应该像一件称手的工具，当学生为解决一个问题而犯难，只有运用这件工具才能解决时，教师将其拿出来，效果才是最好的。这正是《论语》中所说的“不愤不启，不悱不发”。有的时候，学生在探究中已经用自己的语言表达出了我们希望教会他们的哲学观点，这样一来教师只需要在总结时将儿童的观点（小 p）与哲学家的观点（大 P）做个链接即可。

具体而言，儿童哲学课可能发现的哲理智慧有以下三类：①概念辨析：对人们经常使用的日常概念，形成较清楚的意义辨析和哲学反思。②隐喻建构：习得或创造一些认知隐喻来表征哲学问题或哲学概念，并能用隐喻来推进哲学讨论。③实践智慧：在伦理行动中逐渐培养对情境的感受力和判断力，把握行动的合宜尺度。

例如，本书第九章“有了隐形的戒指会怎么样？”探究活动引出了这样的哲理智慧：纯粹出于内心的自律而做好事确实是崇高的；不过即使是为了让他人看到而“表演”道德行为，也有可能“假戏真做”，逐渐成为真正的好人。这一观点综合了康德和孟子的道德观，但又处在儿童不难理解的认知层次上，适合作为儿童哲学课的目标。

长远来说，哲学探究还会带给学生很多潜移默化的正面影响，例如提升自尊心、自信心、合作意识、关怀能力，增加学生的幸福感，改进师生关系、同伴关系和亲子关系。这些效果需要通过长期坚持开展儿童哲学课来获得，不是某一节课就能立竿见影的，因此不需要列入任何一节课的目标意识当中。但教师也需要心中有数，并在教学中随时抓住机会推进这类目标的实现。例如，当那些在其他课上缺乏自信、成绩不佳的学生在儿童哲学课上尝试发言时，教师就可以借机加以鼓励，让其得到大家的尊重和倾听。

一个人只要膳食合理，科学地锻炼，长期坚持，身体就一定会成长，但我们不太可能知道“这块肌肉是通过哪一次训练长出来的”。同样地，坚持儿童哲学教育一定会给学生带来各方面的好处，但我们也不太可能知道“哪些能力是通过这一节课学会的”。所以，虽然儿童哲学课程有其目标，但课前教师不一定要在单节课的教案中写清学习目标，只需要始终明确整门课程的目标，并在每一次具体的探究中不断捕捉和运用有利于实现目标的资源即可。

思考题

1. 从你喜欢的文学作品、影视作品或互联网文化中选择一个适合作为哲学探究刺激物的片段，说说它背后的哲学争议到底是什么。根据本章第一节对两种课型的介绍，说说它适合用哪种课型来呈现。

2. 与同伴组成小组，选出一个你们组最感兴趣的刺激物，然后运用本章第二节提到的方法，围绕该刺激物提问，至少提出 15 个问题。对提出的问题进行分析，你们觉得哪几个问题最有讨论的潜力？它们是怎样提出来的？

3. 阅读本书第十二章的课例并思考：这节课渗透了哪些目标意识？如果请你来为这节课做总结，你会怎样做？

4. 本章第二节介绍了 WRAITEC 优秀思想家工具包。请在此基础上，开发一个中文版的思考工具包，并尽量加入中国儿童需要加强的思维方法。

5. 阅读本书第六章，除该章已经做出哲学解读的三个问题外，再选择一个问题与同伴展开讨论，然后为其绘制一幅本章第二节介绍的“观点树”（非哲学专业同学选做）或进行哲学解读（哲学专业同学选做）。

第四章

促进儿童哲学探究深化的教学策略

根据第二、三章介绍的教学设计与实施流程做好探究团体、评价体系、问题情境和互动框架等的建构，一节儿童哲学课就会有基本的质量保证。若要将探究的质量进一步提升，教师就需要在细节上下功夫，采取一些促进儿童哲学探究深化的教学策略，使儿童掌握更复杂的思维，获得更深刻的洞见，体会更美好的情感。

世界各地的儿童哲学教师已经以自己的智慧发展出许多技巧。本章基于诠释学、逻辑学和心理学理论以及资深儿童哲学教师的经验，从倾听学生发言（本章第一节）、编织生生对话（本章第二节）和维系情感氛围（本章第三节）三项活动入手，介绍一些促进儿童哲学探究深化的教学策略。

第一节　从评价性倾听到诠释学倾听

德国哲学家伽达默尔（Hans G. Gadamer）认为，倾听内在于任何公共的言谈之中，没有倾听的言说是无法实现的。[①] 优秀的儿童哲学教师，不一定要记忆许多专业的哲学理论，而一定要有五种敏感的直觉：听得出什么样的问题引人深思，听得出什么样的理由令人信服，听得出什么样的例子深入浅出，听得出什么样的反驳一针

① 伽达默尔，潘德荣．论倾听［J］．安徽师范大学学报：人文社会科学版，2001（1）：1-4.

见血，听得出什么样的对话硕果累累。[①] 可见，儿童哲学课需要以高质量的倾听来启动和促进言说。

对此，加拿大学者戴维斯（Brent Davis）关于“三种倾听”的分析框架十分有用。戴维斯认为教师对学生的倾听可以分为评价性倾听（evaluative listening）、解释性倾听（interpretive listening）和诠释学倾听（hermeneutic listening）三种。简单来说，评价性倾听关注“你说得对不对”，可以检查学生对知识的理解、掌握情况；解释性倾听关注“你说的是什么意思”，从而深入了解学生究竟是怎么想的，避免误听、误解；诠释学倾听则关注“你所说的会给我们正在思考的问题带来什么启示”，从而使对话更深入[②]。以下内容基于这一框架，说明儿童哲学教师倾听的策略。

一、慎用评价性倾听

教师有时候习惯于对学生的发言立刻给予简短的反馈，如对自己赞同的观点说“对”“很好”“有道理”等，对自己不赞同的观点则说“差不多是这个意思，你再想想”“很接近了”。[③] 这样的倾听往往属于评价性倾听。因为从这样的反应中，学生不难看出教师心中有一套预设的标准答案。当这样的倾听主宰课堂，学生的思考就不再朝着求真、求美、求善的方向，而是努力揣测老师想要的答案是

---

① LEWIS L，ROBINSON G. Philosophy for Children in higher education［M］//ANDERSON B. Philosophy for Children：Theories and praxis in teacher education. London & New York：Routledge，2017：107.

② DAVIS B. Listening for Differences：An evolving conception of mathematics teaching［J］. Journal for Research in Mathematics Education，1997（28）：355-376.

③ 有些教师只对自己赞同的回答给出积极回应，对自己不赞同的回答则不予理睬或不置可否，这种差别对待实际上也是评价性倾听。学生不难看出，对于这样的教师来说“不置可否”就是在否定。

什么。由于担心自己猜得不对、说得不好，学生的表达欲就会大大降低，发言时也不再全身心地思考自己观点的合理性，而是盯着教师的表情与口型，想通过教师的细微反应来猜测其态度，在没有捕捉到明确的信号之前宁可模棱两可、闪烁其词，也不愿自己思考。

戴维斯认为，评价性倾听是根据一个预定的标准对听到的内容加以评判。评价性倾听者事实上对对方说了什么是漠不关心的，只关心对方发言中符合（或违反）自己期待的部分。评价性倾听者更不会根据对方的所说来改变自己的想法和做法。在和一个评价性倾听者交谈时，我们经常觉得自己的价值很小。[①] 因此，儿童哲学探究中应该降低倾听的评价性。

当然，我们在倾听别人谈话时总会忍不住给予一些评价。尤其是对于那些平时发言较少或不敢发言的学生，教师可能希望通过热情的、正面的反馈来给予鼓励；对于发言有一定问题（如逻辑矛盾、冗长啰唆、缺乏论据）的学生，教师可能也希望指出问题并帮助学生改正。问题的关键是，儿童哲学探究中，判断观点好坏对错的权力在探究团体，而不在教师个人；教师不能代表整个团体（更不能代表全世界、全人类）去评判某一个学生的观点是对的还是错的。教师能做的，最多是以探究团体平等一员的身份表达自己的观点和态度——即使是个人观点和态度的表达，也应该特别小心，因为学生从小已经习惯于将教师个人的观点视为真理，很少意识到“教师也是人，教师也会犯错”。因此，在探究团体刚建立的时候，我们建议，教师连个人观点也不要过多地表达。只有在学生已经习惯于哲

① DAVIS B. Listening for Differences：An evolving conception of mathematics teaching［J］. Journal for Research in Mathematics Education，1997（28）：359-360.

学探究的氛围，敢于挑战教师权威、反驳教师观点的时候，教师才可以畅所欲言地在团体中表达个人观点。教师的个人观点与学生的相左时，可以用“假如有人这样反驳你，你会怎么回应”的句式，从而减少对学生的压迫感。此外，教师最好在某个问题的探究临近结束时才表达个人观点，以免挤占学生的探究时间。

为了在减少评价性倾听的同时有效完成必要的教育评价行为（如指出学生的不足、激励学生多表达等），教师可以试着用主观评价语言来代替客观评价语言。主观评价语言，指的是教师站在个人立场上表达感受、态度、经验或视角的语言，常见的如“我觉得”“我很喜欢”“我不太理解”；客观评价语言，指的是教师站在真理评判者立场上进行是非优劣判断的语言，常见的如“你说得对”“你讲得真好”等。表 4-1 呈现了常见的客观评价语言以及与之表达相似意思的主观评价语言。

表 4-1　客观评价语言与主观评价语言对比

客观评价语言	主观评价语言
你说得对	我觉得这个想法很有趣
你的论据推不出这个结论	我不太理解，这个结论是怎么得出来的
你讲得真好	我很喜欢你表达的方式
你说话太啰唆了	我听了好久也不大明白你要说什么，你能用两三句话再把要点说一次吗
你是个关心他人的孩子	我听到你的话觉得很温暖
你发言的时候要有礼貌	如果我是被你说到的那个同学，我可能会很难过
你真聪明	我从来没有这样想过
你的脑袋瓜真好用	我觉得很受启发
我们不能这样想	对这种观点，我会有些疑虑，因为……

从表 4-1 中我们可以看出，大多数时候客观评价语言会用“你”或“我们”开头，展现出一种“代表对方发言”的傲慢与僭越；主观评价语言多用“我”开头，展现出一种“只代表自己发言”的谦逊与克制。教师坚持使用主观评价语言，学生会逐渐认识到：即使是老师，也不具有认识上的特权；我们可以反驳或说服老师，而且这丝毫不影响师生关系，甚至会加深我们对老师的尊敬和热爱。这正是“吾爱吾师，吾更爱真理”的哲学精神。

二、多用解释性倾听

儿童哲学课包含深度的思想交流，儿童所表达的观点有时能达到和古今中外的大哲学家相对话的程度，细读深思才能理解其全部意味。因此，课堂上教师很难在非常短的时间内完全听懂儿童表达的观点，即使是受过专业哲学教育、有丰富教学经验的教师也经常会在课堂上误听、误解学生表达的观点，等到课后对录音、录像进行分析时才意识到课堂上错失了一些可深入挖掘的问题。

为避免上述问题，教师可以更多地采用解释性倾听。解释性倾听者有一种“主动解释学生的发言”的意识，是一种主动汲取（reaching out）而非被动吸收（taking in）。相对于关注正确答案的评价性倾听，解释性倾听更关注学生的想法。此外，解释性倾听也意味着教师意识到了自己对学生发言意义的建构是有可能出错的。[①] 换言之，教师要有一种“不要以为自己全听懂了”的精神：对于学生发言凡有疑惑，就要多追问“是什么意思”，请学生细细说清楚；或者复述学生的意思，请学生检查自己的理解是否有错；还可

① DAVIS B. Listening for Differences：An evolving conception of mathematics teaching [J]. Journal for Research in Mathematics Education，1997（28）：364.

以根据自己的理解对学生的观点进行推论，用“你的观点是不是意味着……”或“那你会不会认为……”这样的句式来建构对学生观点的深度理解。面对解释性倾听的教师，学生会越来越有意识地把自己的观点想清楚再表达，并且提升语言表达的逻辑性、条理性。这对学生来说也是很好的思维训练。

三、善用诠释学倾听

教师希望用自己的倾听行为对探究团体做出更加积极主动的贡献时，单有解释性倾听就不够了。解释性倾听希望弄清楚“说话者想说什么”，是一种对原意的追寻；诠释学倾听则在原意基础上，思考对方的发言蕴含着何种有望帮助我们解决问题的新思路，是一种对于“我们能听出什么”的追寻。教师以诠释学方式倾听学生时，和一个正在聆听学术讨论的学者无异——把对方视为与自己平等的对话者，感到对方对于双方正在探究的这个问题有所贡献，并且随时愿意被对方说服，会因为对方的发言而改变自己的观点。正因如此，诠释学倾听反映了教师与学习者互动中的协商性和参与性，它要求我们去追问那些司空见惯、习以为常的前见（prejudice）。这些前见塑造了我们的感知与行动。[①]

当教师进行诠释学倾听时，一种典型的句式是“你的说法让我想到了……”。这样的句式意味着，教师自身也是大家正在探究的那个问题的积极思考者，并且从学生的发言中获得了启发；如果没有学生的发言，教师便不能想到这一层次。至于所想到的内容，既可以是与当前议题相关的个人生活经历，也可以是书上记录的哲学观

---

① DAVIS B. Listening for Differences：An evolving conception of mathematics teaching［J］. Journal for Research in Mathematics Education，1997（28）：369-370.

点，还可以是课堂上现场形成的新思考、新问题。例如，在一次关于“井底之蛙”成语故事的讨论中有这样的对话：

学生：（讨论“青蛙应该跳出井外吗？”的问题）我觉得不应该，因为它原本在井里面很安全，一旦跳出去，遇到自己的天敌，可能就被吃了。

教师：你这个说法让我想到一个问题……假如青蛙跳出井外，吃到了很多好吃的东西，看到了很多美景，但是三天后遇到天敌，被吃掉了，你觉得它会后悔吗？

这个问题提出后，引发了很长时间关于生命意义和幸福的深入讨论。在这个例子里，学生提供的一个新鲜的视角（井外会遇到天敌）让教师想到了哲学家的观点——亚里士多德曾经探讨过，一个大部分时间都过得很好的人，会不会因为死前突遭不幸而成为一个不幸福的人。[①] 于是，教师将这个哲学问题转换成关于故事主角的一个假设性问题提出来，从而引发了高质量的讨论。由此可见，诠释学倾听能够将学生的经验与教师的经验、小 p（儿童的哲学观点）与大 P（哲学家的哲学观点）、儿童的视角与成人的视角编织起来，同时也为学生的进一步思考提供资源和议题。

不过，诠释学倾听是教师对探究团体思考过程的一种主动的、深层的介入，用得过多，也会挤占学生自主思考的时间和空间。因此，我们建议教师“善用”诠释学倾听，只在思想即将推进到最难、最深处时采用，而非时时处处使用。

四、记录是一种重要的倾听

儿童哲学课是一场心智高度觉醒、思维高度活跃的对话，许多

① 亚里士多德．尼各马可伦理学［M］．廖申白，译注．北京：商务印书馆，2003：25-31.

思想之流稍纵即逝，如果不加以记录，就会导致后面发言的学生无法在已有观点基础上进行批判和创新。因此，传统的课堂是“教师讲，学生记”，儿童哲学课则是“学生讲，教师记”，对课堂的思想之流进行记录是一种重要的技术。在学生进行对话的时候，教师要把学生发言的要点记录下来并让全班都能看到；记录时，既可以一字一句地记，也可以将学生的观点归纳整理为大纲或思维导图。

这种记录的好处很多。第一，记录可以帮助学生检查教师的理解是否有误，从而实现解释性倾听的目的。第二，记录可以帮助学生随时记得并回应前面的发言（课堂上，学生常指着黑板上的某条记录说“我要反驳这个观点”），也有助于改善课堂纪律。[①] 第三，在记录的过程中，教师可以将学生较为零碎和口语化的表达方式，转化为较为严谨和概念化的表达方式，甚至整理为表格、“观点树”、思维导图、文氏图（Venn diagram）等，从而提升讨论的逻辑性和条理性。第四，记录也有助于教师课后在教研活动中对一节课进行反思，找到课程目标的生长点和教学方法的创新点。第五，这样的记录也让学生感受到自己受重视，感到自己的观点（无论是否得到所有人的赞同）最后都融入了课堂的思想之流，为一次精彩的讨论做出了贡献。

---

① 大多数时候，儿童哲学课的纪律混乱不是由于儿童做与课堂无关的事，而是由于儿童太想参与课堂，在同伴还在发言的时候就急切地想补充、反驳或评论，但又没有耐心等到自己获得发言机会，结果只能与邻座以窃窃私语的形式交谈。儿童之所以急于讲出自己的想法，就是因为课堂思想之流稍纵即逝，如果没有马上得到回应，经过一段时间可能就忘记了自己刚才想讲的。对此，教师除了要增加小组讨论的机会，更要对课堂讨论做好记录，这样即使儿童当下没有机会发言，过一段时间也可以根据屏幕（或黑板）上的记录来回应之前的发言。这就可以让儿童更有耐心等待发言机会。

记录对话轨迹有两种方法：一种是在黑板或白板上手写记录；另一种则是用键盘来记录，并在教室大屏幕上实时显示出来。手写记录法的优点是比较灵活，可以将学生的观点用图像的形式呈现（例如，将赞同和反对的观点分两边来记录，或将同一观点的不同理由记录成树状图），帮助学生有逻辑地整理自己的观点；缺点则是需要把字写得比较小，不容易看清，黑板空间不够，等等。键盘记录法的优点是字体可以灵活调整，但对教师打字输入速度有较高要求。

第二节　将个体思考编织成生生对话

儿童哲学课同教师频繁提问的“启发式”课堂有什么区别？在“满堂问”的课堂中，看似每个学生都在发言，但所有学生的发言都是说给教师听的，整堂课只存在师生对话，却不存在生生对话。这样的课虽然也有其用途，却不是完整意义上的儿童哲学课，因为教师所问出的只是每个学生脑中原有的“旧知”，不是经由团体思维激荡和思想交流才涌现出来的“新知”，至多可以称为“儿童的哲学思想展示”，却不能算是“儿童哲学教育”。要充分发挥儿童哲学课的教育意义，就需要将每个人个体的思考编织在一起，变成富有生产性的生生对话。这种编织者[①]的角色是教师的重要角色。

以“愚公移山”成语故事的探究为例，以下对话属于师生对话：

教师：愚公应该移山吗？

学生 A：应该，因为大山挡住了他出门的路。

学生 B：应该，因为他出门很不方便，要绕很远。

表面上看，学生 A 说完话，学生 B 就接着说，但 B 说的时候

① 儿童哲学教师的编织者角色这一说法是杭州市余杭区育才小学汪琼老师提出的，经汪琼老师同意后在本书中使用。

几乎没有考虑A所说的。很可能教师问这个问题时，B早已想好了这个回答，只是教师先叫了A；当A回答时，B恐怕也没有认真倾听，只是不停地想着“何时才能叫到我”。结果，我们就看到许多同学针对一个问题竞相发言，但发言内容的思想实质大同小异，课堂的思想之流始终停滞在一处，没有向前发展。

再看下一段对话：

教师：愚公应该移山吗？

学生A：应该，因为大山挡住了他出门的路。

学生B：我不同意A的观点，因为他出门被大山挡住这个问题有很多方法可以解决，比如说可以直接搬到山那边住，或者开一条隧道。如果只是要跟外面的人联系的话，还可以视频呀。所以他不一定非要把大山移走。

这段对话就属于生生对话。因为当B发言时，他所说的话与A有所关联。也许他在此之前从没想过愚公可以挖隧道，为了反驳A的观点才会想到这些方法。这正是生生对话所造成的思维激荡和涌现。

要让生生对话发生，教师首先必须思考：人和人为什么会产生对话？对话意味着A所说的话能激发B说一些与其相关的话，其前提如下。

B认真倾听了A的发言；

B有意愿帮助A（同时也是帮助参与对话的所有人）完善A的观点，而非仅仅关注自己观点的表达；

B找到了自己的观点与A的观点之间的逻辑关系；

B基于这个逻辑关系，在A发言的基础上“接着讲”或“反着讲”，而非“照着讲”或“独自讲”。

在上述例子里，B 发现自己与 A 有共同的前提（“大山挡住了他出门的路”），却得到了不同的结论（“不一定非要把大山移走”），为此他就需要解释“为什么被大山挡住却不需要移走大山”，这就帮助他将思考聚焦到一些能够产生创新的方向（挖隧道、搬家、视频通话），而非滞留在问题所激发的最初的想法上。

由此，我们可以看到教师要将个体的思考编织成生生对话，就要在设计问题和引导探究的时候，抓到学生观点之间的逻辑关系，并引导学生关注这些逻辑关系。理论上，学生观点之间的逻辑关系有赞同、补充、修正和反驳四种。以下依次说明教师如何运用四种逻辑关系来进行课堂的编织。

一、赞同关系：观点相同、理由相同

如果 A 发言后，B 对其观点和理由都认可，那么 B 的发言与 A 的是赞同关系。在儿童哲学课上，为了节约时间，如果 B 完全赞同 A 的观点，原则上就不需要再重复发言了。但为了活跃课堂气氛，教师可以鼓励学生为自己赞同或赞赏[①]的观点“点赞”或鼓掌。还可以即兴举行一次小调查（“赞同这种观点的同学请举手”），来确认探究团体是否取得了共识。在小调查过程中，学生也会有时间严肃地想一想自己是否真的完全赞同，从而引出潜在的补充、修正或反驳的观点。

还有的时候，全体学生确实都完全赞同某个观点，这时为了让讨论进行下去，教师就可以做个“哲学天平”游戏——在黑板上画一个天平，将所有赞同某一观点的理由都写在其中一侧，然后请学生思考“假设我要反驳这种观点，我会找到什么理由”。将学生想到

① 我们赞赏的观点有时并不是自己赞同的，所以有必要将赞同与赞赏区别开。

的反对理由写在天平的另一侧，让天平尽量保持平衡。这一游戏能帮助学生看到对立观点的合理性，学会辩证地思考。

二、补充关系：观点相同、理由不同

如果 A 发言后，B 认可 A 的观点，却基于不同的理由，那么 B 的发言与 A 的是补充关系。在参加儿童哲学探究的初期，学生可能会觉得对于一个问题只要得到自己能认同的答案就可以，不需要深究理由是什么。然而在哲学上，“理由”才是最重要的。因此教师可以追问：“其他同学有没有不同的理由？”当有学生提出新的理由时，教师也可以用这样的语言表达赞赏：“虽然你和她的观点一样，但你提出了完全不同的理由。”通过这样的编织，儿童就会逐渐习惯于“即使我与你持相同的观点，我也可以不赞同你的理由”，并且认为“把自己的不同理由表达出来”是非常必要的。更重要的是，学生如果想为自己直觉上赞同的观点找理由却找不到，就能迅速看到这一观点的局限性，从而尝试改变观点，获得新的认识。

三、修正关系：观点不同、理由相同

如果 A 发言后，B 认可 A 的某些理由，却得出了不同的观点，那么 B 的发言与 A 的是修正关系。换言之，B 虽然肯定 A 论证中的某些前提，但由于 B 还持有另外一些前提，或者因为 B 的价值观对不同因素赋予的权重不同，结果得到了与 A 不同的结论。前面关于“愚公应该移山吗”的对话中，B 就是因为自己持有另外一些前提（出门被大山挡住这个问题有很多方法来解决，如挖隧道、搬家等），所以不同意 A 的观点。下面是一个略微不同的例子：

教师：如果你是愚公的子孙，你会继续移山吗？

学生 A：我不会，我可能想做别的工作。如果我老在移山，我就做不了别的工作。

学生B：我也想做别的工作，但……考虑到孝敬祖先，我可能还是会帮祖先完成他的愿望。

教师：你和A都认为子孙后代会有自己的理想。但是你会为了孝敬祖先而牺牲自己的理想。这个问题确实很有趣。自己的理想和祖先的理想，哪个更重要呢？其他同学有不同观点吗？

在这个例子中，B认可“子孙后代可能会形成自己的职业理想”，但是在B的价值观体系中，孝的重要性大于个人理想，所以得出不同的结论。教师的回应不仅厘清了两种观点之间的逻辑关系，还从两人的分歧中看到了一个新的、更深层的问题——“自己的理想和祖先的理想哪个更重要”，从而推动了探究向深处进展。因此教师作为编织者，应该像上面的例子中那样，努力促使学生找到那个导致“理由相同，观点却不同”的关键分歧，并针对这个分歧继续探讨下去。

四、反驳关系：观点不同、理由不同

如果A发言后，B的观点与A不同，所根据的理由也不同，那么B的发言与A的是反驳关系。很多时候，当我们说我们在反驳他人时，观点之间的逻辑关系实际上是补充或修正，因为即使不同意别人的观点，也很可能同意别人的某一个理由；即使不同意别人的理由，也可能最终持有的是同一个观点。因此，当有学生发言“反驳”他人时，教师也可以试着通过追问理由或追问观点来检验一下这个学生的发言究竟是不是真正的反驳。

教师：如果你是愚公的子孙，你会继续移山吗？

学生A：我不会，我可能想做别的工作。如果我老在移山，我就做不了别的工作。

学生B：我想反驳A的观点，因为A也可以把移山当作业余爱好，平时上班，周末再去移山。

教师：所以你会继续移山？

学生B：其实我也不会去移山。但我的理由是……山上有很多树，如果铲平这座山，这些树就没了。我们还不如绕路走。

在上面这个例子里，B实际上是补充而不是反驳A的观点。B和A一样持有“不会去移山”的观点，但B认为A的理由不够好，并补充了一个自己认为更好的理由（当作业余爱好）。因此教师在这里采取了“追问观点”策略（画线句），从而澄清了两人观点之间的关系，并引出了B的进一步思考（保护生态环境）。

假如经过追问，教师发现两个学生之间观点和理由确实都不同，可以想办法将他们的观点或理由之一编织到一起。在观点和理由都完全不同时，人们之间的对话是比较困难的，因为双方完全站在不同的层面上立论。为了让两人能对话，教师需要设法让他们站在同一个层面上。教师首先要检视两人提出的理由中是否有一些涉及事实（而非涉及情感、态度、价值观）。所有涉及事实的理由都可以进行假设：

教师：如果没有天神帮忙，移山能成功吗？

学生A：我觉得能，因为子孙后代不停地移山，会感动周围的邻居，大家一起来帮忙，就能成功。

学生B：我觉得子孙后代不一定会一直延续下去，说不定到了哪一代就断了。

教师：子孙后代不一定会永远延续下去，我从来没这么想过，好有趣！那我有点好奇——假设愚公的子孙后代一直延续下去了，你觉得移山能成功吗？

学生B：那子孙后代也可能会搬家到山那边去住。

学生A：虽然他们可以搬家，但是他们还是会希望以后住在这里的人不要被山阻挡，所以还是会一直挖的。①

在上面的例子中，A与B观点不同、理由不同，其中一项理由（“子孙后代不一定会一直延续下去”）是事实性的，因此教师抓住这一点来进行假设（画线句）。一旦假设子孙后代能延续下去，A与B的对话就有了一定的共同基础。在此基础上，双方都能再提出一些新观点，讨论也更聚焦在移山的伦理学层面，而不会纠结于愚公会不会“绝后”的问题。

第三节　维系兴奋而安全的情感氛围

哲学探究不仅是智识的盛宴，还是情感的熔炉。一场好的探究应该让每一个学生感到安全、好奇、兴奋、愉悦、满足、自信，从而促进学生之间的关怀、友谊、信任，增进学生对他人的尊重、理解、包容。为此，教师在倾听过程中，就不能只关注哲学问题和哲学概念，还要关注学生的情感状态。探究中，各种情感都可能出现，但太过极端的情感会损害团体的安全感和思考的灵动性。因此，教师的主要工作是对可能走向极端的情感进行适时的平衡，可采用的策略具体来说包含以下几种。

一、在探究情感趋于平淡时为讨论找到“兴奋点”

如果一个问题讨论太久，已经提不出什么新观点，只是在不断重复已有观点时，学生会感到无聊，团体的情绪也会平淡下来。

---

① 以上关于“愚公移山”的对话是本书编者为说明生生对话的本质，基于真实课堂对话改编的，其中学生的各种观点都源于儿童的真实表达。

这时，教师可以将原来的刺激物做一点更改（“假如故事的结局变成……你会怎么看”），也可以请学生自己来改写刺激物。教师还可以抓住学生之间的分歧（他们自己也没有注意到），让学生展开新一轮论辩（“我注意到你刚才说的和小明的观点完全不同，你觉得谁更有道理”）。最后，教师可以适当暴露自己的生活经历或当下的情绪，以促进学生分享自己的经历。例如，讨论“怎样快乐地学习”时，有学生说边听音乐边写作业是一种快乐的方式。教师根据个人的经历回应：“小时候我也喜欢边写作业边听歌，但家长说这样容易分心。你们觉得会吗？”由此，学生可能就会分享自己听不同类型歌曲做作业的体会，进而找到讨论的“兴奋点”。

二、在探究情感过于激烈时为讨论降低“火药味”

学生有时将儿童哲学课理解为辩论赛，明明自知没有道理，却为了好胜心和脸面不断“抬杠”。这时候，教师应该强调儿童哲学课的论辩不是辩论赛，没有输赢，也不是为了争输赢。还有的时候，一些学生的表达伤害了另一些学生的感情（如关于性别平等的讨论中，也许有男生会主张“女生不如男生聪明”），导致团体内出现了人际关系的危机。这时候，教师要强调哲学讨论中每个人表达的观点不一定就是自己真正主张的观点，我们可以试验性地持有一种观点，再检验其合理性。在此基础上，教师可以请学生思考：“如果要为‘女生不如男生聪明’的观点找论据，我们会找到什么？如果要为这个观点找反例，我们又会找到什么？”接下来，学生自然能为正确的观点找到足够有力的论证，与此同时，又能将批评的矛头指向观点本身而非主张观点的人，避免把探究变成辩论赛甚至“批斗会”。表4-2说明了“辩论”式与“论辩”式课堂的差异，后者才是儿童哲学所主张的。

表 4-2 “辩论”式课堂与“论辩”式课堂情感氛围的对比

“辩论”式课堂的情感氛围	“论辩”式课堂的情感氛围
目的是取得胜利 过程中决不改变自己的观点 不择手段地寻找证据支持自己 忽略对自己不利的证据 处在患得患失的负面情绪中 和对手的关系是势不两立的意气之争 辩论后可能留下嫌隙、影响团结	目的是求得真理 过程中改变观点是好事 尽量寻找证据反驳自己的观点 对于反例的出现感到欣喜 处在兴奋好奇的“心流”体验中 和对手的关系是高手过招的相互欣赏 论辩后双方引为知己、愈发亲密

三、在探究情感陷入消沉时为讨论安装“潜望镜”

有时，学生在讨论一些问题的过程中感到无解和绝望，找不到比较完美的解决方案。这本身并不是因为学生缺乏“正能量”，而是因为有些探究问题确实难以在现实环境下找到完美的解决方案，学生可能因此产生挫败感和无力感。为此，教师既需要认可学生的感受，又需要让学生看到不同的可能性。例如，讨论“学习是不是快乐的”时，许多学生可能认为学习确实不快乐，并且能举出不少论据。教师可以认同“在当下的学习方式下，很多时候我们学起来不快乐”，甚至分享一些自己学习中的困苦，给学生以情感的共鸣。教师也不能急于将学生从消极情绪中拉出来，否则会给学生以“教师一刻也不能容忍消极情绪”的感觉，会损害学生真实表达自我的勇气。教师可以允许学生先慢慢咀嚼、浸润、消化这种消极情绪，用“有没有不同看法”这种态度中立的问题尝试引出多样化的思考。假如需要主动介入，教师可以询问例外问题（如“学习每时每刻都是痛苦的吗？有没有例外”），还可以使用假设性问题（如“如果你们当了校长，你们会怎样让学生快乐地学习”）。当学生的思考从“（现在）学习是不是快乐”转向“（未来）如何快乐地学习”时，团体的情感自然就从消极重新转为积极。

思考题

1. 阅读本书第十二章，该章中任课教师较成功地运用了解释性倾听的方法，但诠释学倾听运用得较少。请从该章课堂对话中选取一个片段，说说如果教师使用诠释学倾听，可以如何回应学生的发言。

2. 阅读本书第十一章，从中选择一个片段，用本章第二节中的方法分析学生发言之间的逻辑关系。学生自己是否正确理解了自己的发言与他人发言之间的逻辑关系呢？

3. 本章指出儿童哲学课堂应着重于论辩而非辩论。请从网上找一段大学生辩论赛视频，与儿童哲学课视频对比观看，说说辩论的思维过程与儿童哲学论辩有何区别。你更喜欢哪一种？为什么？

4. 为什么教师记录学生的观点对于儿童哲学课堂探究至关重要？这种做法如何帮助学生更有针对性地进行讨论？如果是你，你会选择怎样的记录方式？

5. 阅读本书第七章，说说学生在进行这一探究时会出现哪些情感。这些情感对于探究会产生什么影响？教师应如何应对？

第五章
儿童哲学探究中的语境思维方法

人们常说："思维决定行为，行为决定习惯，习惯决定性格，性格决定命运。"决定一个人的成功与失败的关键因素不是知识或经验，而是他的思维方式。如果一个人的思维方式错误，哪怕他经验再丰富、学识再渊博，也难以成为一位成功者。哲学有很多不同于其他学科的特有的思维方式，如辩证思维、审辩思维、怀疑思维、终极思维、反思思维和语境思维等。其中，语境思维以知识论研究中的语境分析原则为核心[①]，可在众多领域中运用，对于儿童哲学课程开发、探究促进和学术研究都有重要的意义。本章首先以一些生动有趣的问题为例，展示语境思维的应用范围（本章第一节）；其次阐述语境思维的三大原则，并辨析语境主义（contextualism）与相对主义的区别（本章第二节）；最后说明语境思维在儿童哲学教育中的应用（本章第三节）。

第一节　语境思维例析

下面我们以几个趣味图形、生活问题和哲学问题为例，来介绍什么是语境以及语境思维是如何解答问题的。

---

① 关于知识论语境主义，详见曹剑波．知识与语境：当代西方知识论对怀疑主义难题的解答［M］.上海：上海人民出版社，2009.

一、趣味图形

先看一下图 5-1。这是著名的缪勒－莱尔错觉（Müller-Lyer illusion）几何图形中的一种。在这幅图中有两个竖立的矩形，用眼睛去看，哪一个比较长？如果有人说它们一样长，这大概是因为他们了解缪勒－莱尔错觉，因而没有用眼睛去看，而是通过记忆在说话。在这幅图中，我们用眼睛去看，其结论会是右边的线段比左边的长；当然，如果用尺子去量，就会测出它们一样长。在这个图形中，用眼睛看与用尺子量结果一样吗？答案是否定的。

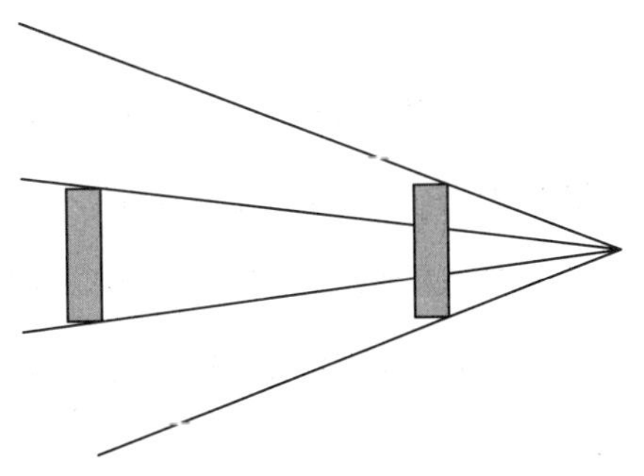

图 5-1　缪勒－莱尔错觉几何图形

对此，我们可以用"离坚白"（或称"坚白之辩"）[①] 这个由公孙龙提出的公案来说明。公案大概意思是说，有一块石头，它的颜色是白色的，质地是坚硬的，问："这块石头到底是白色的，还是坚硬的？"如果回答说这块石头既是白色的，又是坚硬的，那么这是一种思维混乱的表现，因为"白色的"不等于"坚硬的"。能否说"用眼睛去看，这块石头是坚硬的；用手去摸，这块石头是白色的"呢？由于人没有特异功能，这在现实生活中并不是真实存在的，在文学修辞中倒可能出现。学过朱自清《荷塘月色》的人或许还记得，

---

① 出自《公孙龙子·坚白论》。

文中运用了一种叫通感的修辞手法：在“塘中的月色并不均匀；但光与影有着和谐的旋律，如梵婀玲上奏着的名曲”的描写中，作者用听觉（小提琴曲）来形容视觉（荷塘中的月色）。这种通感是心灵在不同感官之间进行了联想和想象的结果，并不意味着我们在安静的荷塘中真的能用耳朵听见小提琴曲。因此要解决“离坚白”的公案，应该说明石头在什么情况下是白色的，在什么情况下是坚硬的，即“用眼睛去看，这块石头是白色的；用手去摸，这块石头是坚硬的”。我们这样做，其实也就是为这两个说法各自补充了相关的语境。

由上面的图例，我们可以得出一个结论：图形认知的结果受图形自身的属性，图形所处的背景，认知主体所处的距离远近，认知主体的观察视角、关注点或背景知识等因素的影响，是这些因素相互作用的产物。推而广之，任何认知结果都是认知对象—认知条件—认知主体的产物。

如果用 Y 表示认知结果，用 x 表示认知对象，用 y 表示认知条件，用 z 表示认知主体，用 f 表示对应关系，那么，任何认知结果都可以用这个三元函数来表示：

$$Y=f(x, y, z)$$

其中，影响认知结果的认知对象、认知条件和认知主体因素都是语境。刚才我们说的认知主体的背景知识、所处距离的远近、观察的视角、关注点等都是语境。这种认知语境主义的观点其实就是马克思主义辩证法的应用，与马克思主义的普遍联系的观点相通。事物之间是相互联系的，它们之间的相互联系会影响认知的结果。这种认知语境主义的观点也与“一切以时间、地点、条件为转移”的精神相符，与“具体问题具体分析”的精神相同。

二、生活问题

前面以趣味图形为例，讲解了什么是语境和认知语境主义，接下来我们再以“打鸟问题”和“玩牌问题”为例来讲解语境思维是如何解答生活问题的。

1.“打鸟问题”

“打鸟问题”指的是“树上有 10 只鸟，打死 1 只，树上还剩几只？”

这个问题看上去很简单，大多数人小时候都做过，然而大家给的答案却并不全面。我们都知道所谓的标准答案是“0 只”，理由是打死的那只掉了下来，其他的鸟都飞走了。但如果答案就限于只有“0 只”，那就说明我们从小到大一直训练的收敛思维扼杀了我们的创新力。收敛思维就是寻找标准答案的思维。这种思维方式不利于创新。创新思维是发散思维，对一个问题要尽可能多地寻找答案，就像太阳光向外面发散一样，而不是从外面收敛到一点。

语境思维是一种创新思维，在“打鸟问题”上可以为我们提供很好的解答。让我们以问题中的“树”“鸟”“打”三个关键词为抓手，思考一下有哪些可能的语境。

首先看看“树”。要考虑题目中的树是一棵还是多棵，树有多大。如果有很多树，这些树上一共分布了 10 只鸟，那么打死 1 只，其他鸟可能听不到，留在树上的鸟可能有 0～10 只。为什么可能是 10 只呢？因为有可能那只被打死的鸟掉下来时刚好挂在了树上。纵使只有一棵树，它也可能是一棵千年古榕树，延绵占地一万多平方米。在这棵千年古榕树上有 10 只鸟，若打死 1 只，其他鸟因离得太远听不到，留在树上的鸟可能有 0～10 只。

其次分析一下“鸟”。10 只鸟都是些什么鸟呢？鸟的耳朵有问题吗？有还没有飞行能力的雏鸟吗？如果有，那么打死 1 只，其他鸟因听不到或者纵使听到也无力飞走，因此树上的鸟可能有 0～10 只。还可以考虑鸟处于什么状态，有没有鸟被装在鸟笼里？如果有，那么打死 1 只，装在鸟笼里的鸟因无法飞走，留在树上的鸟可能是 0～10 只。另外，鸟会不会像我们人一样谈恋爱呢？如果它的伴侣被打死，它会不会也甘愿被打死而不飞走呢？

再看看“打”。如何打的？用弹弓还是用枪？如果用枪，枪是用消声的还是有声的？如果是有声枪，枪声的分贝有多大，能足够让所有的鸟都听到吗？如果情景不同，剩下的鸟的数量就可能不同。

最后可设想这样的情景：一棵树上有 10 只鸟，打死的 1 只掉了下来，又从其他树上飞来几只。如果鸟具有“前赴后继”的精神，那么树上剩下的鸟就可能超过 10 只了。还可设想这样的情景：树上有 10 只鸟，还有些鸟巢，鸟巢里有很多快要孵化的鸟蛋。打死 1 只鸟时，如果从鸟巢里刚好孵化出 1 只、2 只、3 只……雏鸟，那么答案就会有很多种了。

时间因素也是我们要考虑的，因为“打鸟问题”中并没有限定时间。通过语义分析和设想不同的情景，“打鸟问题”的正确答案应该为 0 到正无穷。当然，我们要给出不同答案的合适场景，否则答案就可能是错的，或者是无意义的。

2.“玩牌问题”

“玩牌问题”指的是“2 个 3 和 2 个 7 各只能用一次，不能增减牌，用数学方法，如何得出 24 ？”

这道题来源于数学游戏“二十四点”，即从一副扑克牌中随便拿出 4 张，通过加、减、乘、除得出 24，看谁先算出来。这道题除了公认的“标准答案”，是否还有其他答案？我在很多大学生课堂上提出过此问题，在思维的相互碰撞下获得了无穷多种答案。

标准答案是 $\left(3+\frac{3}{7}\right)\times 7$。此外还有一些用了其他运算方式的答案。有一个答案是带根号的，即 $\sqrt{7\times 7}\times 3+3$。

在数学符号中，“！”表示阶乘，3！表示 3×2×1。因此，答案可以是 3！×［3+（7÷7）］或 {（3！ −3）+（7÷7）}！。

{［（7+3）÷7］+3}！也是它的答案。其中“［ ］”表示取整数，（7+3）÷7 ≈ 1.429，取整数为 1，因此这个式子等于 4！，即 24。

下面这几种计算是前面几种方法的变形，没有太多新意。

{（7−3！）×（7−3）}！

{（7−3）÷（7−3！）}！

{［7÷3］×［7÷3］}！

{［7÷3］+［7÷3］}！

［（7×7）÷（3！÷3）］

（［$\log_3 7$］+7）×3 这种解答很有新意，用到对数，也用到取整数。这是 2008 年厦门大学哲学系的一位一年级学生提出的。这个式子读作“以 3 为底 7 的对数取整数（等于 1），加上 7 后再括起来，乘以 3（结果等于 24）”。

（3′！+3′！+7′！+7′！）！

上面这种解答是 2017 年厦门大学一位硕士生提出的，他本人认为这种解答不太好，但其实这是一种很好的做法。它是一个通解。任何 4 张牌都可以用这种式子得出 24。这个式子用到求导数的运算。“′”表示求导数。任何一个有理数求导数都等于 0，0 的阶乘等于 1，因此，任何 4 个有理数求导数再阶乘，再加起来阶乘，都等于 24。此外，下面这些式子都等于 24。

（3+7′！）！+3′ +7′

（7×3）′ +（3+7′！）！

[（7×7）÷（3′！ +3′！）]

我们通常把 24 读作“二十四”，这是因为我们把看到的数都看作十进制的。能不能把 24 看作其他进位制的呢？如果这样打开思路，不把自己的思考限制在十进制中，那么这道“玩牌问题”就会有更多的答案。2018 年厦门大学海洋系的一位博士生用八进制给出了一个新的答案。他的算法是 3+7+3+7=20（十进制），十进制的 20 换成八进制的就是 24。在他的启发下，我们获得了几个其他进制的答案。比如十九进制的：在十进制中，3×7+3×7=42；十进制的 42 换成十九进制的就是 24。再看 3！×7×7×3=882，十进制的 882 换成四百三十九进制的就是 24。又如一个上亿进制的解答方式：在十进制中，3！×7！×7！×3！=914 457 600；十进制的“914 457 600”换成四亿五千七百二十二万八千七百九十八进制的就是 24。由于运算的组合可以有无穷个，其结果也会有无穷个，因此对这道“玩牌问题”可以用不同进制给出无穷多种解答。

另外，我们还可以用特设函数的方法。例如，我们可以设定一个四元函数结果都为 24；也可以设定一个三元函数结果为 12，一个一元函数结果为 2；等等。由于可以随意假设，因此会有无穷种解答。当然，“特设”与“特权”或“特批”相同，是针对问题的一种特殊方法，不具有普遍性，但这种方法确实有效。

在这里，不同的方法可以给这道“玩牌问题”无穷种解答。

三、哲学问题

用语境思维，也可以解释哲学问题的回答为什么会因语境而变。下面以“电车难题”和“半费之讼”为例加以说明。

1.“电车难题”

“电车难题”① 是十分著名的伦理学思想实验，其内容如下：

> 一个疯子将 5 个无辜的人绑在一条电车轨道上，而一辆失控的电车正向他们冲去，片刻后就要碾到他们。幸运的是，你可以拉动操纵杆将电车转至另一条轨道上。然而，这个疯子在那条轨道上也绑了 1 个人。此时此刻，这根操纵杆，你拉还是不拉？

“电车难题”是 1967 年由英国哲学家富特（Philippa Foot）在《牛津评论》中提出的，其目的在于批判功利主义——该理论认为，“将大多数人的利益最大化”才是最道德的。根据功利主义观点，由于牺牲 1 个人可以挽救 5 个人，毫无疑问应该拉动操纵杆。但这样做的问题在于，如果你拉了操纵杆，你就成为杀死那个人的同谋。很明显你就做了一件不道德甚至犯罪的事，因而你要对此人之死负部分责任。同时，有人认为，但凡遇到这种情况，你就必须有所作为，不作为同样会被视为“见（5 个人之）死不救”。总之，不管你做不做、怎样做，都无法让自己在道德的世界里无懈可击，而这正是这个问题的关键。很多哲学家都以“电车难题”来说明道德抉择的困难。

“天桥难题”是“电车难题”的修改版。其表述如下：

> 你站在天桥上，看到一台刹车损坏的电车。在轨道前

---

① 托马斯·卡思卡特．电车难题：该不该把胖子推下桥［M］.朱沉之，译．北京：北京大学出版社，2014.

方，有5个正在工作的人，他们不知道电车向自己冲来了。一个体重很大的路人，正站在你身边，你发现他的巨大体形与重量，正好可以挡住电车，让电车出轨，不至于撞上那5个工人。你是动手把这个很胖的路人从天桥上推落，以拯救那5个工人，还是坐视电车撞上那5个工人？

无论是“电车难题”还是“天桥难题”，在牺牲1个人与救5个人上没有本质的差异。但两者在三个细微之处有差异：①间接接触身体与直接接触身体；②转移危险（被撞死）与创造新危险（推下桥）；③没有利用某人与故意利用胖子。根据在世界各地进行调查的结果，在“电车难题”中，大多数人（89%）像是功利主义者，会切换轨道，让电车撞上1个人来救5个人；在“天桥难题”中，大多数人（89%）像是道德义务论者，不会亲手把路人推下天桥。调查结果还发现，被调查者不论性别、年龄、教育程度、种族、国籍都有此一致的做法。在“电车难题”中，假如不知道在轨道上的人的身份，大多数人会切换轨道，牺牲1个人，以救5个人；假如被告知在轨道上的人是自己的亲人，大多数人都不会切换轨道。

相关研究利用功能性磁共振成像测试发现，在“天桥难题”等个人化情境中，情感脑区的活跃程度高于控制组，而认知脑区的活跃程度低于控制组；在“电车难题”等非个人化情境中，认知脑区的活跃程度高于控制组。

在牺牲1个人还是救5个人上，“电车难题”与“天桥难题”由于情境不同，选择也不同；在“电车难题”中，牺牲的人是否为自己的亲人，其选择也会有显著的差异。这表明，语境会影响抉择。

2. “半费之讼”

“半费之讼”的内容如下。

普罗泰戈拉收了一名叫欧提勒士的学生。普罗泰戈拉与他签订了这样一份合同：前者向后者传授辩论技巧，教他帮人打官司；后者入学时交一半学费，另一半学费则在他毕业后帮人打赢第一场官司之后再交。欧提勒士从普罗泰戈拉那里毕业了，但他总不帮人打官司。普罗泰戈拉就总得不到那另一半学费。普罗泰戈拉为了要那另一半学费，去与欧提勒士打官司，并打着这样的如意算盘——

（1）如果欧提勒士打赢了这场官司，按照合同的规定，他应该给我另一半学费。

（2）如果欧提勒士打输了这场官司，按照法庭的裁决，他应该给我另一半学费。

（3）欧提勒士或者打赢这场官司，或者打输这场官司。

总之，他应该付给我另一半学费。

欧提勒士对普罗泰戈拉说：

（1）如果这场官司我打赢了，根据法庭的裁决，我不应该给您另一半学费。

（2）如果这场官司我打输了，根据合同的规定，我不应该给您另一半学费。

（3）我或者打赢这场官司，或者打输这场官司。

总之，我不应该给您另一半学费。

假如你是法官，你会怎样裁决这场官司呢？普罗泰戈拉与他的学生欧提勒士得出了完全相反的结论。究其原因，是因为他们的前提中包含着不一致的地方（从语境主义的角度说，就是有两个不同的标准）：合同的至上性和法庭判决的至上性。哪一项对自己有利，他们就用哪一项，而这两者是相互矛盾的。实际上，法庭判决也必须根据合同来进行，因此合同是第一位的，是法庭判决的根据和基础。这样一来，这师徒俩的两个二难推理都不能成立。通常情况下，根据合同，欧提勒士在没有帮人打官司或者没有帮人打赢官司之前，可以不付给普罗泰戈拉另一半学费。

然而，可能有如下情况发生：

（1）法官认定合同有效，但由于欧提勒士没有帮人打赢官司，判原告败诉。虽然如此，但是普罗泰戈拉可以第二次起诉。这样欧提勒士最终就会败诉。

（2）法官认定合同有效，判定被告故意致使条件不成熟，判原告胜诉。虽然如此，但是欧提勒士可以第二次起诉。这样普罗泰戈拉最终会败诉。

（3）法官认定合同无效，由于原告要求被告给付基础不存在，欧提勒士无须付另一半学费。

（4）a. 原告“因自己重大过失”未出示合同原本，而且被告也否认有此合同，法官以证据不足判原告败诉。原告可以第二次起诉。这样欧提勒士最终就会败诉。

b. 原告“因自己重大过失”未出示合同原本，而被告却出示了合同原本。法官可以判合同有效或无效。最终判决依（1）、（2）和（3）的情况变化。

“半费之讼”难题的解答，表明包括法官、原告与被告的态度、时间等语境因素都会影响判决的结果。

第二节　阐释语境原则

上一节我们用趣味图形、生活问题和哲学问题为例，介绍了何为语境，以及语境是如何影响判断与抉择的。本节探讨语境思维的三大原则，并说明语境思维不是相对主义的。

一、语境不矛盾原则

进行语境分析要遵守三条基本原则，即语境不矛盾原则、语境补全原则和最佳语境原则。

语境不矛盾原则又分为三条。第一条是分析的结果与语境不矛盾原则。以本章第一节的“打鸟问题”为例，如果树上的 10 只鸟原本都是牢牢绑在树上的，那么打死 1 只后树上理应还有 10 只；如果在这个语境下，却说树上剩下 0 只鸟，就是分析的结果与语境之间存在矛盾。

第二条是分析的语境之间不矛盾原则，就是不能同时有两个或两个以上的语境。这条原则又可以称为同一语境原则。例如“打鸟问题”中我们不能假设树上的 10 只鸟既装在鸟笼里，又不装在鸟笼里。由于“在鸟笼里”与“不在鸟笼里”是两种相互冲突的语境，我们不能在一次分析中同时考虑这两个语境。

第三条是分析的结果之间不矛盾原则。这是分析得是否正确的标准。例如“打鸟问题”中，如果树上剩下的 9 只鸟恰好都没有听力，那我们通常会认为树上还剩下 9 只鸟。如果有人说树上既剩下 9 只鸟，又剩下 8 只鸟（因为其中 1 只在枪响的那一刻恰好飞出去觅食），那分析的结果就有矛盾，因为一棵树上不可能既有 9 只鸟，又有 8 只鸟。要解决这一矛盾，重点就是看到“有 1 只要去觅食”实际上是一种不同的语境。一旦将语境最终确定下来，分析的结果之间是不会存在矛盾的。

二、语境补全原则

语境补全原则是说分析的主体在分析的过程中，要对直接影响分析结果的语境都进行考察，并在分析结果中补充出来。

看图 5-2，认知的对象是一根一半插在有水的杯子里的筷子。通常所谓的标准答案是“这根筷子看起来是弯的，但实际上是直的”。更准确的说法是“用眼睛看，这根筷子是弯的”，但这个答案

图 5-2 一半插在水杯里的筷子

依然需要补充。我们应补充的是“在其他条件正常的情况下，一根一半插在有水的杯子里的筷子，用眼睛看，它是弯的”。有人会说：“这根筷子明明是直的，怎么说‘它是弯的’呢？把它从杯子里拿出来看一下不就清楚了吗？”可是，“拿出来看”与“一半插在水里”语境相同吗？以声音为例，声音在不同介质中的传播速度会相同吗？众所周知，声音在空气中的传播速度是 340 米/秒，在水中的传播速度约为 1 500 米/秒，在钢铁中的传播速度约为 5 200 米/秒。正如不能把空气、水和钢铁这三种介质混为一谈来讨论声音的传播速度一样，我们也不能把“有两种介质”的语境与“只有一种介质”的语境混为一谈。一根一半插在有水的杯子里的筷子，除某些特定角度外，不管谁去看，不管什么时候去看，不管是直接看还是

用相机拍下来间接看，它都是弯的。我们不能因为筷子在单一介质（如空气或水）中是直的，就否认它现在的弯曲性。由于我们不能全知，也没有绝对客观的观察，因此不能说这根筷子的本质就是直的。对筷子弯直的判断，更严谨的说法是“在其他条件正常的情况下，在同一种介质中，用眼睛看，这根筷子是直的”。由于“在其他条件正常的情况下”通常是不言自明的预设，我们可以省略不提，因此我们的说法可以变成“在同一种介质中，这根筷子是直的”。当然，如果我们把“在同一种介质中”这个条件也看作不言自明的预设，那么，我们的说法就变成了“这根筷子是直的”。但是，我们决不可把“这根筷子是直的”看作无条件限制的绝对真理。当这根筷子一半插在有水的杯子里时，一定要把语境补全。

由于影响认知结果的语境在理论上是无限的，因此，把影响认知结果的所有语境都补全是不可能的，在现实生活中也是没必要的。语境补全原则的要求：在遇到有竞争的认知结果时，补全直接影响认知结果的语境，使认识只有一个正确的结果。例如，对“一桶 15 千克重的水”，若存在两种不同的认知结果——“它很重”和“它很轻”，可将语境补全：“对三四岁的儿童来说，这桶水很重；对举重运动员来说，这桶水很轻。”若出现了第三种认知结果——“它不重也不轻”，则可将语境补全为：“对三四岁的儿童来说，这桶水很重；对大部分青少年来说，这桶水不重也不轻；对举重运动员来说，这桶水很轻。”补全语境，就能得到唯一正确的答案。

与语境补全原则相对应的是语境合并原则：如果不同的语境对认知结果无影响，则应把它们合并为同一语境或加以忽略。例如，在断定“姚明个子高”时，对比者的性别、长相等非身高因素不会影响这个断言的真值，因此可以看作同一语境，将其合并或者忽略。又如，用化学实验证明苦瓜是苦的与通过尝味证明苦瓜是苦的，从方法上看可以说是不同语境，然而，由于认知结论是相同的，因此这两种方法对于“苦瓜是苦的”的断定来说可以合并。

三、最佳语境原则

最佳语境分析原则要求，在进行分析时，最佳语境下的分析才是合理的。对同一认识对象，常有多种认知结果，这些不同的认知结果在不同的语境下都可能是真理。但由于分析者是现实社会中具体的人，而认识的目的在于实践，因此，并非所有的语境都是值得选择的，并非所有的语境都是平等的，并非所有的认知结果都是值得追求的真理。最佳分析的语境原则是建立在“语境具有等级性”的基础上的。

国内外有不少语境主义者主张“所有的语境都是平等的”。我认为，对“所有的语境都是平等的”这一观点的强调，容易导致相对主义，也不利于批判怀疑主义，因此，我强调“在特定的语境下，语境是不平等的”。理由有以下几点。

首先，我们是现实生活中的人，我们本身也被语境化了。语境化的人对不同语境的评价也必定是语境化的。我们既定的生活方式限制了我们对认识目的、认知标准的选择，从而也制约了我们对语境的评价。

其次，如果“所有的语境都是平等的”，那么会产生既不受自身影响，也不受评价者影响的评价。这种语境不敏感的评价只是一种理想的评价，而不是一种语境敏感的评价，与语境主义的观点相矛盾。

最后，有反例表明，语境不会是完全平等的。例如，有个人宣称有一个重大的发现:“中国没有医生。”很明显，这种言论是耸人听闻的，不可能是真的。然而，通过调查我们得知，这个人的发现是基于把“医生”定义为“在5分钟之内能治好任何疾病的人”。按照他这个标准，不仅中国没有医生，全世界也都没有；不仅现在没有，将来也不会有。他对医生的判断标准太高了，我们不会认为他的这个标准与我们通常对医生的定义是平等的。知道他对医生如此定义，我们就会立即抛弃他的荒谬看法。

又如，梦见自己欠了别人的钱（事实上并没有欠别人的钱），梦醒后不会还钱给别人。这说明，在认知地位上，梦幻状态或疯狂状态的地位低于正常状态，情绪激动状态的地位低于心平气和状态的地位。专家的认知地位高于普通人的认知地位。

语境的不平等性要求我们在进行认识时，要选择最佳的认知主体、最佳的认知对象和最佳的认知标准。最佳的认知主体，往往是该领域的权威专家。谁是权威由特定的社会历史条件决定，而且权威必须是相关的而非不相关的。要爱迪生评价相对论就选错了评价的主体；叫陈景润去当选美裁判也是选错了对象。有的“专家”会说“大道至简，一通百通”。因为他们已经成为“专家”，所以什么都懂了，什么都可以说上话了。这样的“专家”，只能算是“伪专家”或者“砖家”。

最佳的认识对象就是最典型的认识对象。要了解麻雀的结构，必须选择正常的成年麻雀。最佳的认识对象与认识目的有关。最佳的认识标准就是既定社会所认可的标准，而非认识主体随意设定的标准。

四、语境思维不是相对主义的

语境思维不是相对主义的，这可以从相对主义真理观不同于语境主义真理观得到证明。

相对主义真理观的一般模式：p 的真值是相对于 X 的。X 可能是语言、文化、历史时期、认知结构、概念框架、范畴模式、生活形式、理论范式、宗教、性别、种族、社会地位、个人的观点等。相对主义真理观主张“p 对 S_1 来说是真的”和“非 p 对 S_2 来说是真的”可以同时为真。相对主义真理观的最大理念是“没有有缺陷的争论”（no-fault disagreement）。换言之，相对主义真理观认为，任何对立的命题都是平等的，都是真的。

语境主义真理观则可如此表述：在语境 C 中，p 是真的，当且仅当在语境 C 中，p 是真的。语境主义真理观强调真理的语境性，主张任何真理的真值都是由特定的语境决定的，没有无语境的真理，没有无条件的绝对真理。语境主义真理观认为，不把命题放入特定的语境里对其进行判断，会有对错两种不同的真值。语境主义主张命题 p 在特定的语境下的真值具有绝对性。在语境 C_1 中，如果 p 是真的，那么在语境 C_1 中，p 不仅是真的，而且是绝对真的。在语境 C_2 中，如果非 p 是真的，那么在语境 C_2 中，非 p 不仅是真的，而且是绝对真的。

语境主义真理观主张，语境与命题的真值具有共轭性，即当我们判断命题 p 是否为真时，必须加上特定的语境，如 p–C_1、p–C_2 和 p–C_3。甚至可以说，语境是命题真值的内在的、必然的因素，而相对主义真理观则把相对的因素看作外在的、偶然的因素。

相对主义真理观主张任何命题都是真的，没有有缺陷的争论。语境主义真理观则主张只有在特定的语境下，p 是真的，才能说“p 是真的”。因此语境主义真理观可以解释为何有的命题不真。

第三节　应用语境方法

语境思维作为一种创新思维，作为一种教人选择的思维，作为一种可以用“语境”解释万变的思维，可以有广泛的应用。下面先介绍应用语境思维的步骤，随后再结合儿童哲学教学中的几个案例，对其应用加以说明。

一、应用语境思维的步骤

应用语境思维的步骤，简单地说只有两步，即大胆假设与小心求证。

1. 运用逻辑分析来大胆假设

大胆假设就是用逻辑分析的方法或头脑风暴的方法，收集全或尽可能多地收集问题的解答方案。

例如，以“钱”“是”“没”“有”“问题”5 个词（不重复用、不少用），可组成多少个有意义的句子？对这个问题，可以采用头脑风暴的方法来做，即收集大家的零星答案，并形成一个整体。不过，对这个问题的解答用逻辑分析方法会更好。因为这样做一方面不会漏掉一个答案，也不会多出一个答案，另一方面可以训练人们处理复杂问题的能力。

在逻辑上，这 5 个词可组成 120 个（5！=120）不同意思的句子。将这 120 个句子列出来并一一阅读，你就会发现有意义的句子共 15 个：①钱是没有问题；②钱没有是问题；③钱没是有问题；④钱有是没问题；⑤问题是没有钱；⑥问题是钱没有；⑦问题钱是没有；⑧有钱是没问题；⑨有问题是没钱；⑩没有钱是问题；⑪没问题是有钱；⑫没钱是有问题；⑬是有钱没问题；⑭是没钱有问题；⑮是钱没有问题。

2. 运用语境分析来小心求证

通过逻辑分析或头脑风暴获得许多答案后，要运用语境分析原则进行筛选。小心求证就是运用语境分析原则，从有效、可行和个人意愿三个方面对所得到的解答方案进行筛选，去除无效的，保留可行的，挑选个人愿意的。对此，我们可以用世界不少国家面临的“少子化问题”为例加以说明。“少子化”是指人口生育意愿低、生育率降低，导致青少年人口比例逐渐减少的现象。“少子化”可能影响未来社会劳动力资源，从而影响经济发展的“人口红利”，并加剧人口老龄化所带来的社会问题。

如果“少子化”是一个需要解决的问题，那么应该如何解决呢？按照语境思维，可以先大胆假设，尽可能为问题找到更多不同的答案。在大胆假设这一步进行思考时，暂时不要关注答案是否有效、可行、合乎伦理等，这些标准可以在小心求证那一步再加以考虑。

通过头脑风暴、查阅文献资料、在网络和现实中征集答案等方法，可以收集到以下答案：①全面放开生育；②奖励生育（直接奖励、大力减免个税、购房优惠等）；③对不生育的家庭提高税收；④宣传“多子多福”等观念；⑤大力发展机器人来充当劳动力；⑥放开移民；⑦生育养育国家化；⑧实现生产高度自动化，这样人口下降不会影响社会劳动力资源；⑨认为出生率下降带来严重的人口老龄化只是“阵痛”，从长久看是大利；等等。

接下来，在小心求证阶段就要对所有的答案从三个层次加以评估。第一个层次是看看“是否有效”；第二个层次在有效的基础上看看“是否可行”；第三个层次在可行的基础上看看“是否赞成”，对每一个回答做出“是否合乎道德”与“是否具有正面价值”的评判，在评判过程中要关注每个相关当事人的价值观、道德观的差异，尤其要详细倾听和重点考虑那些受这种方案影响的人（例如产妇、照顾老人者等）有什么样的感受和观点。这三个层次的评估需要依次进行，因为一种做法如果无效，那就不需要考虑是否可行、是否赞同的问题；即使一个做法有效，如果难以操作，也不需要再考虑是否赞同的问题。

二、语境思维在儿童哲学探究中的应用

语境思维在儿童哲学探究中几乎处处可以用到。下面我们以“愚公要移山吗？”“说到就要做到吗？”和“要以德报怨吗？”为例，来说明语境思维在儿童哲学课堂中的运用。

1. 愚公要移山吗？

“愚公要移山吗？”是在多所小学上过10次以上的、成熟的课程，通过不断收集学生的提问，得到了看待愚公移山的很多视角：

（1）愚公及其家人的角度，如：“愚公如果不移山，生活会有哪些不便？会有什么好处吗？”“愚公的家族一开始为什么选择住在那么不方便的地方？”“如果不采取移山的方式，还有什么办法解决问题？”“愚公为什么不搬到没有大山阻挡的地方住呢？”“按照山的大小和愚公家人搬运的方式，要多久才能把山移完？”

（2）智叟的角度，如：“智叟的论证有没有道理？”“愚公对智叟的反驳有没有道理？”“智叟和愚公谁更聪明？”

（3）子孙后代的角度，如：“子孙后代真的会无穷无尽吗？”“如果长时间不成功，子孙后代还会继续努力吗？”“如果你是愚公的子孙，你愿意继续移山吗？”

（4）女性的角度，如：“愚公移山，为什么只带了三个男性后

代，却没有让妻子、女儿、媳妇一起去呢？”“愚公反驳智叟时说‘你的见识还不如寡妇和小孩子’，这句话有什么问题？”

（5）其他群体的角度，如：“愚公移山是否征求了邻居的意见？”“邻居也受到山的困扰，为什么只有愚公想到要移山？”“为什么唯一去帮助愚公的邻居，是一个父亲已经过世的小男孩？”“邻居（或山上的居民）是否要‘靠山吃山’来维持生计？愚公移山后这些人怎样谋生？”“愚公将山上的土石丢在海里，海边的居民是否会有意见？”

（6）天神的角度，如：“假如你是天神，你要帮助愚公吗？”“假如天神不帮助愚公，愚公能坚持下去吗？移山能成功吗？”

（7）生态环境的角度，如：“这两座山上是否有动植物？”“假如愚公把山移走了，这些动植物要怎样生存？”“那么大的一座山被移走了，会不会改变气候，导致生态问题？”

（8）你我的角度，如：“假如你是愚公的后代，你会去移山吗？”“你会去做一些明知做不到的事情吗？为什么？”

……

在众多的问题中，有一个问题及其答案值得介绍：“假如没有天神帮助，移山能否成功？”假设山不会自动增高也不会自动减少，采用愚公家人的移山方法进行估算，结论是“不可能”。计算和推导过程如下①。

（1）“方七百里，高万仞”的山，看作底面直径为 3.5×10^5 m，高 1.6×10^4 m 的圆锥体，因此，其体积为 $\frac{1}{3}\pi r^2h\approx5.1\times10^{14}\ \mathrm{m}^3$；

① 对于《愚公移山》原文中出现的古代计量单位，此处按 1 里等于 500 米、1 仞等于 8 尺、1 尺等于 19.91 厘米进行估算。

（2）石头的密度为 $2.5 \times 10^3\ kg/m^3$；

（3）山的总重量为 $2.5 \times 10^3 \times 5.1 \times 10^{14} \approx 1.3 \times 10^{18}\ kg$；

（4）每人一担挑 50 kg，共 3 人，每年一次，每年挑走 150 kg；

（5）因此移山共需要 8.7×10^{15} 年；

（6）全宇宙还可存在的最多时间是 240 亿年 $=2.4 \times 10^{10}$ 年；

（7）因此，愚公家 3 人要 3.6×10^5 个宇宙时间，或 1.1×10^6 人在这个宇宙时间才能完成；

（8）因此，愚公移山不能成功。

当然，小学生大部分不具备这样的计算能力，那么他们会怎样处理这个问题呢？当仅上过一两天儿童哲学课的混龄儿童面对这个问题时，他们的答案不是简单的“会”或“不会”，而往往是“不一定”和“看情况”。对此，教师会追问“为什么不一定”“在什么情况下能成功”，而这正是语境思维的一种练习。经过追问，儿童为他们的观点补充了不同的语境：

如果愚公没有后代了，或愚公虽有后代，但后代不移山了，移山就可能会失败。

如果愚公有后代，而且在不停地移山，或他人接过此任务，且不停地移山，或在愚公的感召下，有越来越多的人参与移山，或随着技术的进步，可以运用挖掘机来移山，大大提高了速度，移山就可能会成功。

前面，我们通过数学计算证明了愚公以故事中的方法移山不可能成功，但是儿童突破了故事中的语境，能考虑到移山人数、移山方法的变化，同时也意识到了愚公精神对人们的感召力。因此，在课堂的最后，教师可以用“愚公移山的精神可嘉，但方法欠妥”来总结探究的成果。

2. 说到就要做到吗？

“说到就要做到吗？”[1] 以“尾生抱柱”故事作为刺激物，故事内容是“尾生与女子期于梁下，女子不来，水至不去，抱梁柱而死”。课程所设计的两个精彩的问题如下：

> 哪些情况下，我们应该说到做到？例如，我答应________要________，虽然________，但是我仍应该说到做到。
>
> 哪些情况下，我们不必说到做到？例如，我答应________要________，由于________，因此我不用说到做到。

学生结合自己的生活经验，用头脑风暴法，会提出各种各样“应该说到做到”或“不必说到做到”的语境。例如：“过去因一时糊涂答应朋友一起去偷东西，现在明白了这件事不对，就应该立刻停止，不该说到做到。”“因天气预报说今天天气晴朗就答应朋友去踢球，但临出门时下起了暴雨，这时显然不该说到做到。”有时即使没有特别合理的理由，只要承诺的对象同意，也可以毁约。概括地说，可以从承诺内容本身是否合理合法、情况是否变化、承诺时是否受欺骗或有认识上的错误、遵守承诺要克服多大困难、不遵守承诺给对方带来多大损失、是否得到对方同意等语境因素，来具体分析是否要说到做到。

在探究的结尾，教师可以进一步拓展儿童的思考：“古人所提出的‘仁义礼智信，温良恭俭让，忠孝廉耻勇，诚悌勤雅恒’等美德，是始终都要遵守的，还是要依情况而定的呢？”

---

① 该课程由黄睿设计，曹剑波修订。

3. 要以德报怨吗?

“要以德报怨吗？”[①] 是一节运用了语境思维的儿童哲学课。刺激物选自《三国志》中的“钟离牧让稻”的故事。这个故事讲述了钟离牧辛辛苦苦种出的稻谷被人侵占后，不仅毫无怨言，还尽力帮助侵害者。

此课程的设计，可教会学生依据自己的情况，合适地处理在校园中受到的霸凌以及将来在社会中受到的欺负。处理的方法有多种，例如：①以德报怨，即他人欺负我，我却帮助他；②以怨报怨，即他人欺负我，我就报复他；③以直报怨，即对他人的欺负，我跟他公事公办。这三种是设计者黄睿提出的。在此基础上，我们还可列出如下几种：①坐下谈判，即平等对话，相互妥协；②忍气吞声，即他人欺负我，我委曲求全；③避之不及，即他人欺负我，我躲得远远的；④漠然置之，即他人欺负我，我若无其事。

语境思维告诉我们，在遇到他人的欺负、伤害时，并没有绝对一成不变的方法来应对，而要依据自身及家庭的情况、伤害者及其家庭的情况以及学校甚至社会的风气等因素来决定采取哪种合适的策略。想帮助受欺凌者的学生、教师，也要考虑不同的语境来处理，以免“好心帮倒忙”。

除了语境思维，审辩思维、怀疑思维和反思思维等也可以运用到儿童哲学教育中。此外，语境不可错论、知识的程度主义等知识论理论，都可为儿童哲学探索的合理性正名。

① 该课程由黄睿设计，曹剑波修订。

思考题

1. 除了本章提到的“电车难题”和“半费之讼”，试再用语境思维来分析哲学史上的某一个著名问题。

2. 有人说：“儿童哲学探究中没有正确答案，每一种观点都是对的。”运用语境思维，你会如何回应这种说法？

3. 教师如何通过语境思维来应对不同文化背景下儿童的观点差异？

4. 阅读本书第八章，思考：你会如何运用语境思维来评价齐宣王的做法和孟子的评论？

5. 儿童哲学教育涉及许多抽象概念，例如“正义”“自由”“幸福”等。语境分析法如何帮助儿童更深刻地理解这些概念？

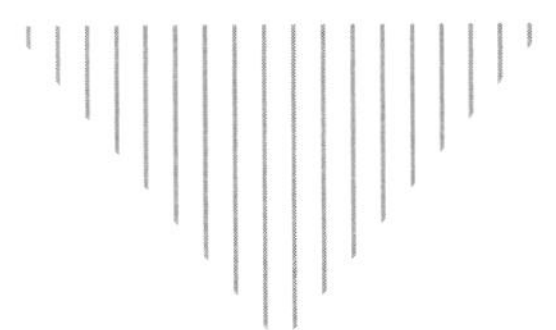

下 篇

教案与课例

儿童哲学教育是一门实践的学问，通过阅读实际案例才能体会其精髓。因此下篇在上篇“理念与方法”的基础上，进一步提供了五份教案和两份课例，作为学习儿童哲学教育的重要材料。

第六到十章呈现了五个由学者或资深教师开发、经过了实践检验的教学设计案例，并附上专业的哲学解读。这些案例涉及本体论、伦理学、政治哲学、生态哲学、心灵哲学等领域的哲学问题，刺激物涵盖了成语故事（第六章）、哲学游戏（第七章）、中国哲学经典（第八章）、西方哲学经典（第九章）以及思想实验（第十章）。读者可以通过阅读这些案例来了解儿童哲学课的设计方法，也可以在自己的课堂上运用这些案例以锻炼教学能力。各案例中的“哲学解读”作用在于帮助教师了解本课讨论内容背后的哲学思想，提升哲学素养，对讨论中可能出现的各种观点做好心理准备。教师切忌将“哲学解读”中的内容直接作为教学内容来讲授。如果儿童所表达的内容与“哲学解读”中的哲学家观点接近，教师就可以在对探究进行总结时告诉儿童：“你的这个想法与历史上某哲学家的观点不谋而合。”这对儿童来说是一种鼓励。

第十一、十二章则呈现了两个儿童哲学探究课例，包含了完整的课堂对话记录。这两次探究的刺激物都取材于中华传统文化，分别是《三国志》中“钟离牧让稻”的故事和《世说新语》中“望梅止渴”的故事。尽管这两堂课远非完美，但读者可通过阅读课堂对话，对儿童哲学课的结构和风貌形成全景性的把握，从这两堂课的优点和不足中都获得启发。两个课例在呈现对话的同时，在页下脚注说明了这节课许多细节背后的设计思路，在结尾的教学反思栏目也阐明了编者对这两堂课的思考。

第六章

愚公要移山吗？（教案）

本课讨论著名的成语故事“愚公移山”。通过这个故事，我们会从生态哲学、工程伦理、代际关系等角度对移山的方法加以商榷，从而学会既能站在不同利害相关者的角度看问题，又能学会欣赏愚公“知其不可而为之”的伟大勇气，体会愚公身上所体现的坚持不懈的精神。

本课可用 2 课时完成，适用于三到六年级学生（用于较低年级时，需要改用动画片来呈现故事）。①

目标意识如表 6–1 所示。

表 6–1　目标意识

领域	目标意识
价值理念	• 进行工程建设的时候要考虑工程伦理，例如工人的安全和待遇、周围群众的健康以及对生态环境的长远影响 • 每一代人都有自己要解决的问题，我们应该做负责任的当代人，解决好发展不平衡、生态破坏、资源滥用等问题，把绿水青山留给下一代，而不是将一堆完不成的任务交给下一代 • 当一个人致力于造福人类的时候，即使“知其不可而为之”也值得我们尊敬

① 本课由曹剑波开发，林杰、董婷参与修订，黄睿撰写哲学解读。

续表

领域	目标意识
思想方法	● 当我们评价一件事做得对不对、好不好的时候，不能只看动机（即这件事是不是出于一片好心去做的），也要看这件事的过程和结果，尤其是对于一切利害相关者的影响
哲理智慧	● 每个人的认识都受到时代的局限。过去不可能做到的事情，现在可能很容易

第一阶段　反思移山方法

一、问题情境

阅读“愚公移山”的故事①：

太行、王屋两座山，方圆七百里，高一万仞，本来在冀州（今河北、山西、河南黄河以北，辽宁辽河以西地区）南边、黄河北岸的北边。

北山下面有个叫愚公的人，快90岁了，家住在山的正对面。他苦于大山的阻塞，出门、回家都要绕道，就召集家人商量说：“我跟你们一起用尽力气挖平险峻的大山，使家门口的路一直通到豫州（今河南黄河以南一带）南部，到达汉水南岸，好吗？”大家都表示赞同。他的妻子问道：“凭你的力气，连一座小山都不能削平，能把太行、王屋怎么样呢？再说，挖下来的泥土和石头要放在哪里呢？”

① 出自《列子·汤问》，由编者译为现代文，部分字词的诠释参考了部编版八年级上册语文教科书。

众人说：“把土石倒在渤海边，隐土的北边。”于是愚公率领儿孙中能挑担子的三个男人上了山，凿石挖土，用箕畚运到渤海边上。邻居京城氏的寡妇有个孤儿，这个孩子才七八岁，蹦蹦跳跳地跑去帮他。冬夏换季，他们才能往返一次。

河湾上的智叟嘲笑愚公，想要劝阻他。智叟说：“你实在是愚蠢过头了！凭你这辈子剩下的时间和力气，连山上的草木都破坏不了，又能把泥土、石头怎么样呢？”愚公长叹说：“你的心真顽固，顽固得没法开窍，你的见识还不如寡妇和小孩子。即使我死了，我还有儿子在呀！儿子又生孙子，孙子又生儿子；儿子又有儿子，儿子又有孙子；子子孙孙无穷无尽，可是山却不会增高加大，还怕挖不平吗？”智叟无话可答。

握着蛇的山神听说了这件事，怕愚公没完没了地挖下去，就向天帝报告了。天帝被愚公的诚心感动，命令大力神夸娥氏的两个儿子背走了那两座山，把一座放在朔方（今山西北部一带）的东部，把另一座放在雍州（今陕西、甘肃一带）的南部。从那以后，冀州的南部直到汉水南岸，再也没有高山阻隔了。

如果学生的古文阅读能力普遍较高，教师也有能力解释其中的字词，可尝试给学生阅读原文：

太行、王屋二山，方七百里，高万仞，本在冀州之南，河阳之北。

北山愚公者，年且九十，面山而居。惩山北之塞，出入之迂也，聚室而谋曰：“吾与汝毕力平险，指通豫南，达于汉阴，可乎？”杂然相许。其妻献疑曰：“以君之力，曾不能损魁父之丘。如太行、王屋何？且焉置土石？”杂曰：“投诸渤海之尾，隐土之北。”遂率子孙荷担者三夫，叩石垦壤，箕畚运于渤海之尾。邻人京城氏之孀妻有遗男，始龀，跳往助之。寒暑易节，始一反焉。

河曲智叟笑而止之曰：“甚矣，汝之不惠！以残年余力，曾不能毁山之一毛，其如土石何？”北山愚公长息曰：“汝心之固，固不可彻，曾不若孀妻弱子。虽我之死，有子存焉。子又生孙，孙又生子；子又有子，子又有孙；子子孙孙无穷匮也，而山不加增，何苦而不平？”河曲智叟亡以应。

操蛇之神闻之，惧其不已也，告之于帝。帝感其诚，命夸娥氏二子负二山，一厝朔东，一厝雍南。自此，冀之南，汉之阴，无陇断焉。①

二、互动框架

互动框架如表 6–2 所示。

表 6–2　互动框架

时长 /min	互动模式	设计意图
5	（高年级）阅读译文或原文；（低年级）观看动画片	进入问题情境
5	按座位顺序一人一句轮流朗读故事	进入问题情境

① 校读和标点参考了部编版八年级上册语文教科书。

续表

时长/min	互动模式	设计意图
5	分组讨论，对这个故事提出尽可能多的问题	提出问题
5	每组派代表汇报本组提出的问题（只能说2个，且不能与之前的组重复），教师做记录。如果提的问题较少，等全部小组都汇报完后，可以请还想提问的学生举手补充	提出问题
2	投票选出最想讨论的问题。投票时学生闭着眼睛，教师读出问题，想讨论的学生举手，教师计票。每个人最多投3票，可以不投票	选择问题
3	针对票数最高的几个问题，进行小组讨论	讨论问题
15	针对票数最高的几个问题，依次进行全班讨论	讨论问题

三、常见问题

关于“愚公移山”的提问，通常会从不同人物的视角展开。教师在记录问题的时候，可以像图6-1一样按不同人物的视角对问题进行分类；此外，也可以按照“移山的必要性”“移山的可能性”“移山的过程”“移山的后果”这样的角度去对问题进行分类和整理。

教师也可以鼓励学生以审辩性思维来审查故事中愚公与妻子以及与智叟的两段对话，看看谁说得更有道理。学生可能提出这些问题：“子子孙孙真的会无穷无尽吗？”“山真的不会增高吗？”“愚公说智叟的见识还不如寡妇和小孩子，是否有道理呢？”

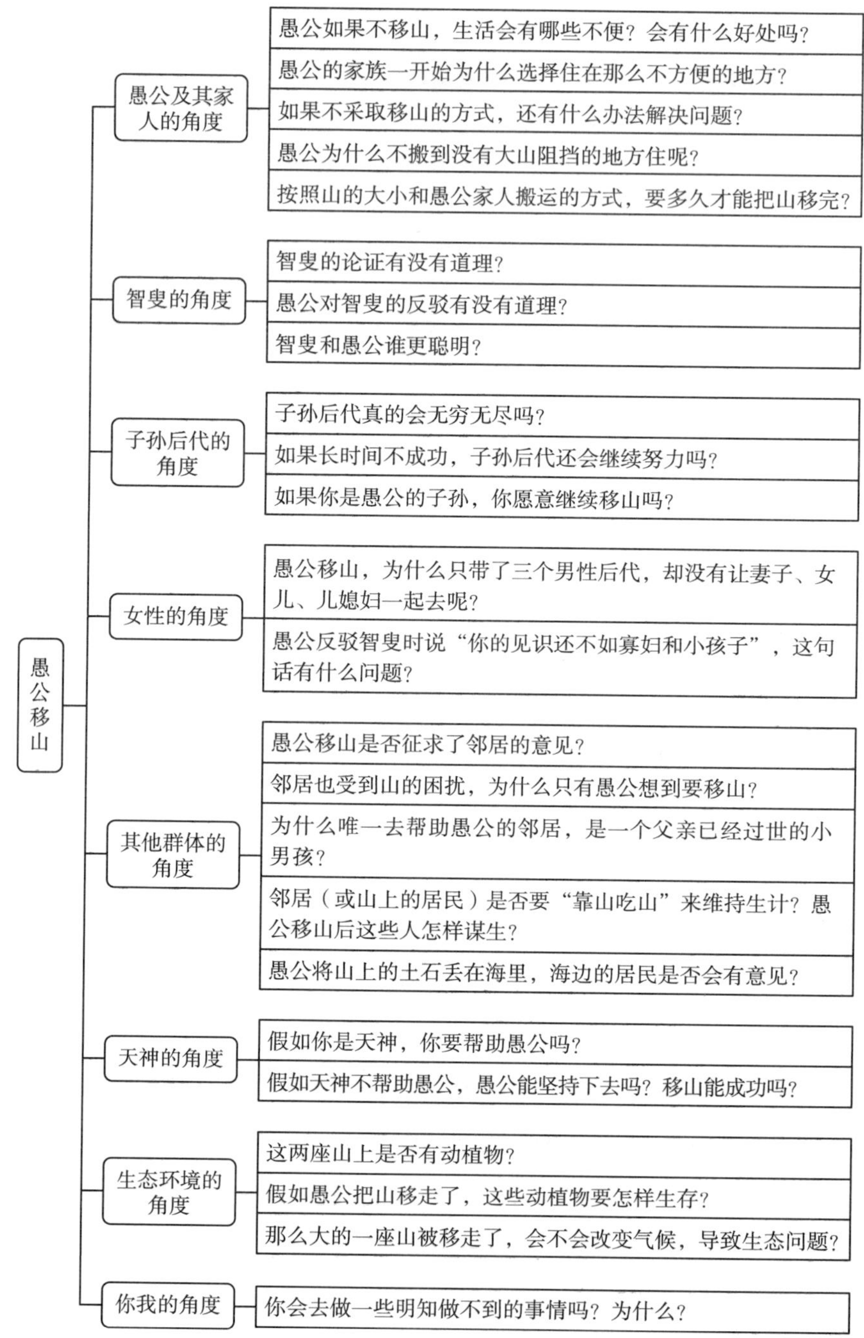

图 6–1　“愚公移山”故事的不同视角

四、哲学解读

1. 为什么要考虑一切利害相关者？

在移山之前，愚公召集了一家人来开会，做出了移山的决策。不过，移山的行为仅仅影响愚公一家人吗？随着对故事的讨论不断深入，我们会注意到，移山的行为会影响村里其他人的生活，会影响那些住在山里和海边的人，会影响山上的生态环境和小动物，还会影响子孙后代和天神。所有这些可能被愚公的行为影响的个人或群体，都叫作利害相关者（stakeholder）。[①] 那么，愚公是否征求了他们的意见呢？

首先，假设愚公移山确实造福了一方百姓，但愚公对帮他移山的年轻人非常不好，经常打骂他们，给他们的食物也很少，那么你会怎样评价愚公的行为呢？

其次，假设愚公移山使他和家人不再受大山的阻隔，但其他的村民是通过在山里打猎、伐木为生的，山被移平后这些人都失去了生计，这时你又会怎样评价愚公的行为呢？

最后，就算愚公移山既没有压榨帮他干活的人，也不影响其他群体的生活，但他把移山的任务交给子孙后代来完成，后代的子孙不再有选择职业生涯的自由，即使有自己的梦想也不得不放弃，只能世世代代从事移山的工作。其他人群涌现了不同行业的人才，但愚公的后代无论有怎样的天赋，都不能发挥。在这样的情况下，你又会怎样评价愚公的行为？

---

① 俞国斌．西方“利害相关者”理论及其启示——关于促进我国和谐社会建设的思考［J］.当代世界与社会主义，2007（3）：176-179.

思想方法

当我们评价一件事做得对不对、好不好的时候，不能只看动机（即这件事是不是出于一片好心去做的），也要看这件事的过程和结果，尤其是对于一切利害相关者的影响。

值得注意的是，子孙后代虽然还不存在于这个世界上，但他们也是利害相关者。我们的一切行为都在影响后代的幸福。可是，子孙后代还没出生，我们不可能征求他们的意见，这又怎么办呢？学生对这个问题可能会有各种各样的答案。日本哲学家柄谷行人认为，我们虽然不可能征求子孙后代的意见，但至少我们应该认真考虑他们的幸福，不能用子孙后代作为手段来换取当代人的满足。①

当然，我们也可以继续追问：我们有可能预见行为的所有后果吗？我们有可能预见行为对所有利害相关者的影响吗？如果时间非常紧迫，我们没有办法考虑那么多，怎么办？

此外，愚公移山是一项巨大的工程。如果学生当中有人的父母从事工程或技术工作，教师可以请他们回家问一问父母："你们所从事的工程对周围的人和环境有什么影响？在工程设计和施工的时候，要怎样减少不良影响呢？"当代许多大学面向工科专业开设了工程伦理课程。工程伦理研究的就是各种工程（如建房子、修水坝、填海造陆等，也包括生物工程、基因工程、环境工程等）对利害相关者的影响。② 例如，为了减少建筑工程造成的粉尘，现在许多工地围墙上都安装了喷雾设备，让灰尘不容易飘散到大气里。在当代，工

① 柄谷行人. 伦理 21［M］. 林晖钧，译. 台北：心灵工坊文化，2011：154–156.

② 朱葆伟. 工程活动的伦理责任［J］. 伦理学研究，2006（6）：36–41.

程师不仅要思考怎样才能低成本、高效率地完成任务，更要思考如何通过工程让人类生活更加幸福。

价值理念
进行工程建设的时候要考虑工程伦理，例如工人的安全和待遇、周围群众的健康以及对生态环境的长远影响。

2. 子孙后代有义务完成上一代人的愿望吗?

在愚公移山的故事中，愚公将一个艰巨的任务留给了子孙。在生活中，孩子们也经常要去实现上一代人的愿望，我们常听到父母这样对孩子说:“我们那时候条件不好，没机会读书，所以你要好好读。”有时，父母希望下一代“子承父业”；有时，他们又希望下一代千万别从事自己的行业。在选兴趣班、填志愿、找工作甚至选择人生伴侣的时候，父母都可能用自己的愿望去影响孩子。小学阶段的孩子对父母的愿望通常不会明确提出反对，可是他们心里也会默默嘀咕:“我的人生，究竟是用来完成我自己的愿望，还是用来完成你们的愿望呢？”

要讨论这个问题，首先可以问一个问题：上一代人的愿望是合理的吗？一般来说，长辈比晚辈有更丰富的生活经历和知识储备，通常能看得更远、判断得更准确。尤其是在涉及伦理道德和为人处世的问题上，长辈也许可以给晚辈不错的建议。但是，刚才这些话是针对大多数长辈来讲的。是否所有长辈都比晚辈更有智慧呢？不排除某些长辈在观念上陷入误区，对晚辈“瞎指挥”；某些长辈自私自利，为了实现自己的愿望，甚至不惜牺牲晚辈的利益。在面对这两种情况时，即使主张孝道的儒家也认为晚辈不必盲从长辈。例如，舜的父亲瞽叟不喜欢舜，也不希望舜结婚成家。父亲的这一愿望是不正确的，因此舜在没有禀告父亲的情况下私自结了婚，在孟子看来是完全合理的。[①] 儒家经典《孝经》也指出："当不义，则子不可以不争于父。"[②] 父母的想法不正确的时候，子女应该据理力争。

其次，我们也可以从父母与孩子的关系来思考这个问题。孝道是中华传统文化的重要组成部分，大多数人都同意"孝"意味着在父母年迈时我们应该用心照料和尊重他们。但"孝"是否意味着我们要按照父母的愿望去生活？持肯定意见的人可能会提出如下论据：我们的生命来自父母，父母对我们有养育之恩，违背父母的愿望会让父母不高兴。持反对意见的人则会认为孩子不是父母的财产，有自己独立的人格，父母对孩子的人生可以给出建议，但不能加以操纵。孔子说："三年无改于父之道，可谓孝矣。"[③] 孔子认为，在父亲去世后的头三年里依然遵守父亲的行事之道，就已经是孝顺了，换言之，无须因为尽孝而永远遵守父亲的行事之道。[④] 看来，即使愚公的子孙在愚公死后不愿意继续移山了，在孔子看来也是无可指责的。

总之，从孩子的角度来说，上一代人的愿望未必是合理的，但是值得尊重和认真考虑；从长辈的角度来说，则不应轻易将自己的愿望寄托在下一代身上。

价值理念
每一代人都有自己要解决的问题，我们应该做负责任的当代人，解决好发展不平衡、生态破坏、资源滥用等问题，把绿水青山留给下一代，而非将一堆完不成的任务交给下一代。

① 出自《孟子·万章上》。
② 出自《孝经·谏诤》。
③ 出自《论语·学而》。
④ 钱穆．论语新解［M］．北京：生活·读书·新知三联书店，2018：15.

唯有如此，后代才会真正尊敬我们，并且怀着敬意去完成我们托付给他们的某些合理的愿望。

第二阶段　感受移山精神

在第一阶段，学生的讨论可能侧重于对移山这一行为的批判性的反省。在此基础上，我们可以进一步思考：既然没有天神的帮助愚公就不太可能成功，移山这种行为方式还会产生破坏生态环境、影响他人生计等后果，为什么愚公又被人们视作一个值得颂扬的楷模呢？这背后的哲学道理是什么？由此，教师可以帮助学生将思想的天平调回平衡点，让他们站在更高的思想层次上欣赏愚公，即对愚公所代表的“知其不可而为之”的精神加以欣赏，同时懂得做事情要选择合理、有效的方法；换句话说，就是理解愚公的方法欠妥，但精神可嘉。

一、问题情境

简要回顾“愚公移山”的故事，然后提出下列问题：

愚公移山在哪些情况下才能成功？在哪些情况下不能成功？

做一件明知不可能做到的事，有没有意义？

愚公是愚蠢的人吗？

教师也可以将第一阶段尚未充分讨论的问题，或者“常见问题”中列举了但学生没有提出的问题拿出来讨论。

二、互动框架

互动框架如表 6-3 所示。

表 6–3　互动框架

时长 /min	互动模式	设计意图
3	通过观看动画片或重读故事的方式回顾故事情节	进入问题情境
3	教师向学生提出本节课要讨论的问题	提出问题
4	针对问题，进行小组讨论	讨论问题
25	针对问题，进行全班讨论	讨论问题
5	教师总结本节课的学习成果	评价与激励

注：如果第一阶段没有时间总结，则第二阶段总结时也要对第一阶段的讨论成果进行一定的点评和赞赏。

三、哲学解读

1. 为什么要去做明知不可能做到的事呢？

一般认为，愚公移山的故事说明了要克服困难就必须下定决心、持之以恒的道理。不过，人们读到这个故事的时候不免疑惑：愚公仅仅带了三个男性后代（以及邻家跳着过来帮助他的小朋友），用箕畚千里迢迢把土石从山上运到海边倒掉，大半年才能往返一趟，即使到了宇宙寿命的尽头恐怕都无法将山搬完。故事中愚公只是因为有了天神的帮助，才得到圆满的结果。可是，我们做一件事情，能将希望寄托在天神身上吗？这个问题也许会得到否定的回答。但反过来说，是不是做什么事都只能靠自己的力量呢？显然，我们不能将生活的希望全部寄托在他人的帮助上。可是，人类就是一种需要互相帮助、在社会中生活的动物。孔子说：“子生三年，然后免于父母之怀。”[1] 如果没有父母的帮助，我们根本不可能存活下来。很多事情，我们自己做起来很困难，但一旦得到大家的帮助就变得容易。善于寻求帮助是一种重要的能力。即使愚公没有感动天神，但如果感动了周边所有被大山阻隔的居民，成千上万人一起来移山，成功的可能性也会变大。所以荀子说：“（人）力不若牛，走不若马，而牛马为用，何也？曰：人能群，彼不能群也。”[2] 人类虽然没有动物那么强大的身体力量，但能发明道德准则和社会秩序，所以能分工合作。“和则一，一则多力，多力则强，强则胜物。”[3] 人类就是由于群策群力、密切配合，才能发挥巨大的力量，在充满灾害和变化的大自然面前顽强生存下来。

另外，我们人类对于一件事情“能不能做到”的评估，是不是一定准确呢？如果问一个一千年前的人“人类是否能在天上飞”，恐怕他们会觉得做不到，但今天人类早已实现了飞行的梦想。

哲理智慧
每个人的认识都受到时代的局限。过去不可能做到的事情，现在可能很容易。

类似地，如果愚公的子孙坚持移山，随着技术的进步，他们成功的希望也会越来越大。当然有人会反驳说：“即使以我们当代的技术，要将‘方七百里，高万仞’的大山彻底移平，仍然极为艰难。”可是，如果愚公生活在今天，他会怎样解决问题呢？他也许不会去移山，而会率领家人去修建隧道、盘山公路、高铁、机场，铺设网络光缆，以这些现代化的手段同外界交流。技术不仅

① 出自《论语·阳货》。

②③ 出自《荀子·王制》。

让我们更容易做到以前想做的事，还能让我们找到新的方法来达成以前的目标。愚公家附近一旦有了机场和公路，就同山被移走了一样方便。在这种意义上，可以说“愚公移山”也是有可能实现的。

即使愚公确实得不到任何帮助，即使移山的活动最终都没有成功，难道这样的人就没有任何值得欣赏的地方吗？《论语》中，有人形容孔子是“知其不可而为之”的人。孔子明知道他心中那个讲求仁义的理想社会在当时不可能实现，仍然竭力宣扬自己的理想。这句话非常贴切地总结了孔子的一生。我们读到这句话非但不觉得孔子愚蠢，反倒觉得孔子有巨大的人格魅力。事实也证明，孔子虽然没能改变当时的社会，却为全世界留下了至今都有重大价值的思想。

总而言之，敢于去做不可能做到的事，体现出一种超人的勇气和惊人的美。一个内心充满热忱的人在面对需要改变的事情时，即使知道凭自己的力量不可能改变，也无法冷眼旁观、无动于衷，因此会尝试去做一些力所能及的事，能改变多少就改变多少。有时由于心急或认识不足，他们会像愚公一样采取不合适的方法，但这并不妨碍我们欣赏他们伟大的人格。

价值理念
当一个人致力于造福人类的时候，即使“知其不可而为之”也值得我们尊敬。

四、哲思写作

如果课上有多余的时间，教师可以请感兴趣的学生就以下题目进行想象和写作，也可以将其作为课后自愿完成的活动来布置。

如果没有神仙帮助，愚公死后，子孙后代会怎样想、怎样做？

如果学生认真完成了，教师应将有创意的作品张贴展示并给予一定激励。

第七章

谁来拿奖品？（教案）

生活中经常出现这样的场景：洗碗池里堆了许多没洗的碗，厕所里臭气熏天，公共区域里堆满垃圾，几乎每个人看到后都会有一种“不如我来打扫干净”的冲动，并且每个人都知道如果打扫干净了，自己和其他人都会过得更舒服。但是，每个想打扫的人又忍不住问自己：“凭什么我来做？凭什么让其他人不劳而获？”如果每个人都被这一想法所阻碍，公共利益就不会再有人维护。这一困境的实质就是博弈论中的“志愿者困境”（volunteer's dilemma）。

本课基于这一困境，设计了深受儿童喜爱的哲学游戏“谁来拿奖品？”。在这个游戏里，儿童会经历一次跌宕起伏的身心体验，在第一阶段，大家会因为游戏失败而懊恼，但深刻分析游戏情境并总结经验教训后，他们会认识到合作的力量，从而在第二阶段联起手来“打败老师”，克服“志愿者困境”的魔咒，取得游戏的胜利。在对游戏过程进行哲学探究的过程中，儿童有机会深刻辨析“利他行为”“道德义务”“社会契约”等概念，并且亲身体验同他人建立信任与契约的过程。这个游戏具有道德教育和心理健康教育的双重作用。

本课适用于一到六年级，可用2～6课时完成。[①]

---

① 本课由邓永城开发，曹剑波、黄睿参与修订，参考了吴刚、裴士军、周冲、林旭、许惠欣、潘阿婷等老师的宝贵建议，经南强儿童哲学研究中心与思考拉儿童哲学研究中心联合发起的“儿哲教研室”线上教研后进一步改进，由邓永城、黄睿撰写哲学解读。

目标意识如表 7-1 所示。

表 7-1　目标意识

领域	目标意识
价值理念	• 竞争是推动人类社会进步的重要动力，可是在错误方向上的竞争会导致灾难性的后果。我们在面对一场竞争时，首先要问自己：这场竞争中比的究竟是什么？拿这个东西来比是有意义的吗？
思想方法	• 将所有可能的选项及其结果列出来，是帮助我们充分认识事物的一种方法
哲理智慧	• 很多时候，规则塑造了人的行为。在一些规则下，人性中崇高的一面更可能发挥出来；在另外一些规则下，人们更容易做出自私的选择。因此，社会道德水平的发展不仅依赖于每一个个体道德水平的提高，还需要建立更加公正合理的规则 • 守信用不仅是一种个人的美德，还是社会上各种复杂分工合作的基础

第一阶段　无沟通情境

一、问题情境

每个学生获得一张纸片作为选票，票上可以写“要”或“不要”，在禁止交流沟通的情况下每人独立投票。选票上还需要用小字写上自己的姓名或学号。选票只有教师可以看，学生之间严禁互相看。[1] 投完票，由教师一个人计票。如果全班有不超过 x 个学生选择

① 在这个游戏中不建议采取举手投票的方式，因为该游戏对投票的匿名性要求很高，如果以举手的方式投票，即使要求所有学生不偷看，他们也可以通过轻微的声音或震动判断出周围某人举了手。

“要”，那么选了“要”的学生每人得到 p 份奖品；如果超过 x 个学生选择“要”，那么全班都得不到奖品。[①] 奖品可以根据学生年龄和喜好来设置，如零食、学习用品、积分或者代币等。x、p 的值要根据班级人数 N 来设定。x 通常设定为班级人数 N 的 20%～30%，而 p 应略大于 N/x。举例来说，当班级人数为 45 人时，可以设定 x 为 10，这时 p 必须大于 4.5，这里设定为 5，即选“要”的人数不超过 10 人时每位选“要”的可以获得 5 份奖品。

读者不难想到，投“要”的学生人数往往远大于 x，因为大部分人都希望得到奖品，而只有很少的同学会主动选“不要”，将奖品让给他人。因此在本阶段“无沟通情境”下，几乎任何班级的投票结果都会是全班拿不到奖品。这一投票结果就是本阶段探究的刺激物，可以请学生就此现象展开提问和讨论。

二、互动框架

互动框架如表 7–2 所示。

表 7–2 互动框架

时长 /min	互动模式	设计意图
3	理解游戏及其相关规则	进入问题情境
3	学生独立思考（不讨论），每人投票做出自己的选择	进入问题情境
2	进行投票统计，并公布游戏结果	进入问题情境
5	分组讨论，针对本轮游戏提出本组最想探究的问题	提出问题

① 在全班都得不到奖品的情况下，教师绝不能公开是哪些学生投了“要”。

续表

时长 /min	互动模式	设计意图
5	每组派代表汇报本组提出的问题及其为什么提出这些问题（最多只能说 2 个，且不能与之前的组重复），教师做记录。如果提的问题较少，全部小组都汇报完后，教师可以请还想提问的学生举手补充	提出问题
3	投票选出最想讨论的问题。投票时闭眼，教师读出问题，想讨论的学生举手，教师计票。每个人最多投 3 票，可以不投票	选择问题
3	针对票数最高的几个问题，进行小组讨论	讨论问题
16	针对票数最高的几个问题，依次进行全班讨论	讨论问题

三、常见问题

（1）为什么只能有 x 个学生获得奖品，不能有更多？

（2）怎样才能让要奖品的人数不超过 x 呢？

（3）为什么只有少数学生投“不要”？

（4）为什么有很多人投“要”？

（5）不讨论的情况下，有可能拿到奖品吗？

（6）你是否希望成功拿到奖品？

（7）你是否希望游戏中其他人成功拿到奖品？

（8）投“要”意味着自私、贪心吗？

（9）应该谴责投“要”的人吗？

（10）不投“要”，是否意味着高尚、无私？

（11）应该表扬投“不要”的人吗？

（12）为什么不讨论、不交流的情况下，游戏很容易失败？

（13）失败了，是游戏的问题，还是人的问题？

（14）投票前允许讨论的情况下，有可能拿到奖品吗？

四、哲学解读

1. 为什么无沟通情境下很难拿到奖品？

在没有任何讨论且独立选择的情况下，大多数班级的学生在游戏中都拿不到任何奖品。比如，在班级人数是 35 人、票数门槛为 8 的情况下，选择要奖品的人可能达到 16 票、22 票、24 票，最高的有 28 票。为什么会出现这种情况？是游戏本身的问题还是参与游戏者的问题，抑或两者皆有？

让我们先分析这个游戏本身。这个游戏的创意源于狄克曼（Diekmann）于 1985 年提出的“志愿者困境”模型。该模型说明了利他行为在社会中的困难所在。在他的模型里，一个由 N 个个体组成的群体中，每个个体都有两种策略选择，一是成为志愿者，二是成为背叛者。志愿者付出的成本 K 为群体产生公共利益 U，背叛者不付出成本，不产生公共利益。如果群体中至少有一个个体选择付出成本，公共利益 U 就产生了。相反，如果没有一个个体愿意付出成本，就不产生公共利益。[①] 显然，如果群体中有一人愿意付出，那么其他志愿者再付出就浪费了。

生活中，像这样的情景很多。例如，一个老太太倒在街边，只要有一个人出手相救就可以将她及时送往医院，而且每个人都知道，一个危难时刻相互救助的社会对每个人来说都更好，但问题在于：如果我去当那个出手救援的人，就会承担最多的成本（如需要帮老太太垫付医药费、可能被诬告为撞倒老太太的人、会付出时间成本

---

① ARCHETTI M. The volunteer’s dilemma and the optimal size of a social group［J］.Journal of Theoretical Biology，2009，261（3）：475-480.

等），而一旦我出手相救了，别人就都不必再出手。因此，每个人都知道“应该有人出手”，但都觉得“我没必要出手”。

在国外的“志愿者困境”实验研究当中，有时公共利益还是可以成功实现的，因为这些实验通常都规定只要有一个志愿者就可以产生公共利益。由于任何人群当中总是有一些具有利他主义倾向的个体（即人们心目中更加大度、热心肠的人），因此在实验中任何一个利他主义个体采取行动，就能消除“志愿者困境”。

但是，我们设计的这个哲学游戏实际上大大提高了成功的门槛。在一个 45 人的班级里，如果规定大于 10 个人选“要”就拿不到奖品，实际上意味着需要出现 35 个志愿者（即自愿放弃奖品、牺牲个人利益的人）才能使游戏成功。这是非常困难的。原因在于，游戏中参与者能否实现目标既取决于自己的策略选择，也取决于他人的策略选择。游戏中，其他人很可能也想要奖品，一旦超过 x 个人投“要”，大家就都得不到，这时候我投“要”与“不要”都没有差别。反之，如果其他人觉得“要”奖品的人数过多会得不到奖品于是选了“不要”，那么这时我投“要”就很可能得到奖品，而这时我投“不要”只会为别人拿到奖品创造条件。

表 7–3　无沟通情境下的两种策略及其回报

我的策略	其他人的策略	
	超过 x 人投“要”	不超过 x 人投“要”
投“要”	谁都拿不到奖品	我拿到奖品
投“不要”	谁都拿不到奖品	别人拿到奖品而我拿不到

从表 7–3 中可以看出，在任何一个纵列进行上下对比，“我”投“要”的回报都比投“不要”更好，或至少相等。在某个博弈中，

如果不管其他博弈方选择什么策略，一博弈方某个策略给他带来的得益始终不低于其他策略，这样的策略就被称为“占优策略”，也是一个理性的博弈者会选择的策略。[①] 换言之，无论最后全班成功还是失败，投“要”都是对自己最（可能）有利、最“理性”的选择。然而，对于每个人而言最理性的选择，对于集体来说却可能是最坏的选择。

思想方法
将所有可能的选项及其结果列出来，是帮助我们充分认识事物的一种方法。

对于哲学来说，每个答案本身都可能成为一个新的问题。[②] 例如，这时就可以请学生思考一个新问题：世界上的事情一定是如此吗？当每个人都为自己考虑的时候，集体就一定会被掏空吗？会不会当游戏规则变化了之后就不再如此呢？

经过思考，学生不难看出：其实，教师给了选“要”的同学不止一份（p 份）奖品，而且 p 和 x 的乘积大于等于班级的人数 N。如果学生有机会进行交流沟通，那么大家就可以商量好由哪几个学生负责选“要”；等这些学生拿到奖品后，再根据原先的契约将奖品分给全体学生。例如，10 个学生每人拿到 5 份奖品后，共有 50 份奖品，足以让全班 45 个学生每人分到一份。一旦游戏规则允许学生之间沟通交流，个体与集体的博弈就会发生变化。这为第二阶段“有沟通情境”的游戏做好了铺垫。

---

① 谢识予．经济博弈论［M］．上海：复旦大学出版社，2016：41.

② 卡尔·雅斯贝尔斯．智慧之路［M］．柯锦华，范进，译．北京：中国国际广播出版社，1988：5.

2. 投票要奖品是自私的、不道德的吗？

有人认为：投票要奖品的人意味着比不要奖品的人更贪婪。这些人并没有考虑自己投了“要”可能会导致票数超过规定的数量，从而导致大家都得不到奖品。甚至有人得出“人性都是自私的”这样悲观的结论。[①]

也有人认为：这个游戏中，投“要”的人和投“不要”的人都是一样的，投“要”的人只是在这个游戏中做了自己的选择，这个选择更可能获得奖品，但说不上自私。纵使一个人只考虑自己，也并非不道德的，因为奖品是他在游戏中以正当的方式获得的。正如竞技体育活动，我们不能谴责获奖者自私吧？

为了想清楚这个问题，我们来思考：人们为什么讨厌自私的人呢？一个人如果只是争取自己的利益，但不损害他人利益，会被讨厌吗？通常，最容易被讨厌的自私者往往属于“损人利己”型，他们将自己的利益看得最重要，对旁人的利益丝毫不在意，只要对自己有好处的都会不择手段地争取。这类人有些会顾及自己的家人好友，有些甚至连家人好友的便宜都占。由于我们跟这类人在一起时，权益很容易受到侵害，因此顺带对自私产生了一种厌恶。

但是，自私者也可以采取另外一种形态，就是“利己利人”或“利己不损人”型。这类人虽然以利己为目的，但是其利己行为是有边界的，一旦利己的行为会损害他人的合法权益，他们就会有所节制，这也就是“君子爱财，取之有道”。我们跟这类人是可以合作共事的。

当然，如果一个人能做到“舍己利人”或至少“在对自己没多少好处的情况下利人”，自然更容易得到他人的尊敬和爱戴。可是，

① 教师对于这样的观点不必焦虑或担心，到了第二阶段自然可以通过事实来挑战这种观点。

“舍己利人”者通常会希望自己的牺牲能够获得他人的肯定、感谢与纪念，也会希望自己的牺牲、奉献能真正给他人带来一些好处。在本阶段“无沟通情境”的游戏里，这两点都做不到，因为在匿名投票的情况下即使你“舍己利人”地选了“不要”也没有人知道，得不到他人的感谢；更何况，如果选“不要”的人不够多，即使我选了“不要”也不能真正帮到他人。这两点导致在这个游戏的“无沟通情境”阶段，利他行为的难度被放大了，而游戏又只有“要”和“不要”两个选项，在选“不要”缺乏实际意义的情况下，即使一个有一定利他主义心态的人也有可能无奈地选了“要”，更何况，有些选“要”的人实际上是想拿到奖品后分给他人。[①]

因此，我们可以请学生思考：对游戏规则做什么样的修改，可以让更多的利他主义者涌现？学生可能会提出如下建议：降低成功的票数门槛（将 x 的值调高），改成公开投票，允许交流沟通，改成让选“不要”的人获得奖品……对于每一个建议，我们都可以让学生进一步探讨：这个建议真的有效吗？通过这样的探究，学生们可以感受“规则”对人类行为的影响。

哲理智慧
很多时候，规则塑造了人的行为。在一些规则下，人性中崇高的一面更可能发挥出来；在另外一些规则下，人们更容易做出自私的选择。因此，社会道德水平的发展不仅依赖于每一个个体道德水平的提高，还需要建立更加公正合理的规则。

① 当然，实际游戏中“无沟通情境”阶段仍然有人投“不要”，放弃了得到奖品的可能性。这些人属于“舍己利人”者或利他主义者吗？放弃“要”是否更无私、更高尚？放弃“要”的人是不是因为认识到了自己对于他人负有的义务而做出利他的行动？放弃“要”的人是不是因为将他人或者集体的利益看得与自己的同样重要，甚至比自己的更加重要？这些问题都值得探讨。

3. 无沟通情境下，选“要”的学生拿到奖品是公平的吗?

基于上一问题的讨论，学生还可以思考这样一个问题：假如因为某种原因，真的有很多人选“不要”，结果在无沟通情境下“成功”了，那么这个结果是公平的吗?

表面上看，游戏中赢得奖品的人就和体育比赛中获奖的选手一样无可非议。可是，体育比赛以更高、更快、更强、更有技巧等作为胜负的标准，这些都是人们为了身体的健康而愿意去追求的[①]；而在无沟通情境下，这个游戏的参与者能不能拿到奖品，似乎比的是一个人够不够“自私”(如果不考虑有的人拿到奖品是为了分给他人)，太有谦让美德的人就会被“比下去”，而敢于不考虑他人的就会“获胜”。如果拿不道德的程度来“比赛”，我们就会对“胜者”不屑一顾。在日常生活中，我们反对用不道德的手段取得竞争胜利(如抄袭、作弊、服用兴奋剂等)，也是出于这个原因。

价值理念
竞争是推动人类社会进步的重要动力，可是在错误方向上的竞争会导致灾难性的后果。我们在面对一场竞争时，首先要问自己：这场竞争中比的究竟是什么？拿这个东西来比是有意义的吗？

因此，我们可以反思：无沟通情境下，如果因大多数学生的谦让，而使少数不肯谦让的学生拿到奖品了，这算是“成功”吗？反过来说，为了避免这种不公平的结果出现，是不是投“要”反而才是正义的？也许有些学生选“要”不是为了自己拿奖品，而是为了

① 在当代的职业体育活动中，有时运动员所承受的运动量已经远大于维持人类健康所需要的运动量，甚至已经有害健康。在这种情况下，职业体育活动是否道德？这一点是有争议的。

避免不公平的结果出现。这个问题似乎没有最终的答案，但我们陷入了“要谦让还是要正义”的两难，正是游戏规则造成的。

第二阶段　有沟通情境

一、问题情境

第二阶段与第一阶段完全一样，只是在投票前允许学生进行一段时间的全班自由讨论，讨论期间可以离开座位，教师只需要设定一些关乎安全的规则（如不能离开教室、不能进行人身攻击等），然后就坐在一旁观察、记录全体学生的互动即可。通常，在这一时期内班里会涌现一些组织者、主持者以及积极发言者。在他们的组织、推动下，大多数学生会形成一个契约，商量好由哪几个学生负责投“要”。有时一些学生会被忽略、不愿意参与协商或不接受大家的协商结果，教师要特别用心关注和记录这些现象，但不要加以干预。教师观察到契约已经基本形成，或者因部分学生不配合而陷入僵局时，就可以让学生结束讨论然后进行投票。

通常，有沟通情境下全班能成功拿到奖品；如果不能成功，学生要分析原因然后一起想办法：

第一种情况是由于沟通失误（例如，有些学生误以为自己该投“要”），多了一两个学生投“要”。这时，教师可以给学生一些时间自由发言，他们消除误解后再试一次就能成功。

第二种情况是部分学生对协商结果不满（例如，协商时别人忽略了他们，或他们希望由自己来担任投“要”的人）。这时候，教师需要以坦诚、包容的态度，请不愿意配合的学生与大家交换意见。这是教会学生平静处理矛盾、和平解决冲突的好机会。教师可以示范一些句型，引导学生以“我感觉……”“我希望……”“我担心……”等以“我”开头的句式陈述自己的诉求和感受，并相互理解。全班协商一致后，再进行一次投票。

第三种情况是始终有一个匿名的学生在沟通阶段不表达任何异议，投票时却悄悄投“要”，且不愿意出来说明原因（以下称为“特立独行者”）。教师可以请全体学生自由发言，想想有什么办法走出这个困境。这时学生很可能想到，只需安排 $x-1$ 人来投“要”就可以解决。举例来说，45 个学生中安排 9 人负责投“要”，这样加上一位“特立独行者”，也只有 10 票，就可以取得成功。投“要”的 9 人每人获得 5 份奖品后，即使“特立独行者”不肯把自己的奖品分出来，也有 45 份奖品可供分配。采取了这个办法后，游戏通常会成功。另外，采取这个办法后，“特立独行者”如果仍坚持投“要”，就势必暴露身份（因为领奖是实名的），因此很可能在这一轮“特立独行者”就不再投“要”了。班上可能会有学生很希望将“特立独行者”“揪出来”，但教师应当加以阻止，引导学生把关注点放到哲学讨论上来。

二、互动框架

第二阶段的互动框架与第一阶段相似，但教师需要根据游戏结果灵活安排讨论时长。

三、常见问题

（1）为什么我们能取得成功？

（2）为什么在有沟通的情况下投“要”的人数会减少？

（3）为什么即使有沟通我们都没成功？

（4）为什么会有“特立独行者”出现？

（5）被选出来的人一定要投“要”吗？

（6）为什么我一定要听从班级的安排？

（7）我们应该信任他人吗？

（8）老师为什么不多发一些奖品？

（9）“特立独行者”是自私的吗？

（10）得到奖品后，分配不均怎么办？

（11）得到奖品后，不愿意分享给别人怎么办？

（12）这个游戏能证明一个人是无私或自私的吗？

（13）为什么有的人那么懂得谦让？

四、哲学解读

1. 为什么有沟通情境下更容易成功？

有沟通情境下，“志愿者困境”的魔咒被解除了，大多数班级经过几次尝试都能取得成功。这是为什么呢？无沟通情境下，人们仿佛是非常自私的，为什么换了一个规则之后，人们似乎就有了更多的温情和善意？

其实，人性之中确实有自利的动机，这个动机决定了人人都是趋利避害的。可是，趋利避害不等于损人利己。一个趋利避害的人，一旦发现帮助他人对自己有利或少害，或者说与他人合作对自己有利或少害，就会做出利他或合作的行为。有沟通情境下，只要学生能够协商一致、订立契约，就可以共同获利，把利己和利他协调统一起来。正如刘清平所说：“从逻辑角度看，不仅在利己与利他之间，而且在自利与利他之间，根本不存在二元对立架构强调的那种概念上就是相互排斥的不兼容关系，相反它们完全有可能维持并立共存的兼容关系。”[①]

不过，要让合作能成立，前提是学生之间相互信任。试想一下：

---

① 刘清平．利他主义“无人性有德性”的悖论解析［J］．浙江大学学报：人文社会科学版，2019，49（1）：141-149.

如果我是一个经过协商被安排投“不要”的学生，在我信任或不信任其他学生时，采取的策略是完全不同的（表 7–4）。

表 7–4　有沟通情境下，被安排投“不要”的学生的两种策略及其回报

我的策略	其他人的策略	
	遵守契约	不遵守契约
投“要”	谁都拿不到奖品	谁都拿不到奖品
投“不要”	每个人都拿到奖品	别人拿到奖品

从表 7–4 可以看出，如果我相信其他学生会遵守契约（即会按照班级的协商结果来投票，且获得奖品的学生会依照约定把奖品分给其他人），那么对我来说投“不要”是最优的策略；但如果我认为其他学生不会遵守契约，那么对我来说投“要”则是最优的策略，因为至少可以阻止有限的奖品被他人拿走。可见，有沟通情境下要取得成功，前提是每个学生都相信其他学生会遵守契约。这也是为什么这节课具有德育和心理健康教育的重要作用——通过这样一次亲身体验，每个学生都会深刻地认识到，很多时候他人是可以信任的，人与人之间是可以放下猜忌与隔阂，为了一个共同目标而精诚合作的。

这个游戏也表明，我们之所以要当一个诚信的人，不仅仅是因为要保持个人的美德，或者赢得他人的赞誉，更重要的是因为诚信保证了社会上各种合作、互助、契约关系的成立。教师可以以校园中的建筑、桌椅、餐饮服务等举例，让学生认识到现代社会中的种种商品与服务背后都有契约的身影。如果我们生活在一个不相信他人会履行契约的社会，那么每个人就要为自己生产一切生活所需，而不敢借由交易、租借或雇佣来满足自己。这样的社会，无疑会倒退到极其原始的地步。

> 哲理智慧
>
> 守信用不仅是一种个人的美德，还是社会上各种复杂分工合作的基础。

2. 什么样的人更容易得到他人的信任？

有沟通情境下的游戏中，参与者选谁来“要”奖品？众所周知，有很多人会想被选为这样的“代表”。那么，谁更适合做“代表”？如果教师在游戏后采访学生，答案可能是：我们选担任班干部、组织管理能力强、平时表现好、为人诚信的人等。

为什么有沟通情境的游戏中，一定要安排大家信得过的人来投“要”呢？仔细考虑这个游戏，我们会发现投“要”的人实际上相对于他人具有一定的优势。尽管投票前他们承诺拿到奖品后分给其他人，但一旦游戏成功，拿到奖品后他们决定不分享，对他们自身而言似乎是最有利的，而其他人似乎也无可奈何。因此，被安排投“要”的人实际上被放在了有一定权力的地位上。有权力的人更有能力为大家造福，但相应地也就更有能力伤害其他人。为了防止被这样的人伤害，人们对有权力的人也就提出了更高的道德要求。

其实，这也有助于回应第一阶段的一个疑问：如果说人人都趋利避害，为什么社会上还是存在种种利他行为呢？其实，在生活中，讲美德、守信用、服务集体、帮助他人等行为，表面上是纯粹利他的，但也会给行为者本人带来良好的名誉。名誉不等于虚名，在需要选一个人担任管理者、仲裁者、见证人、代表人、经办人这类有一定权力的职位时，美德和信用就成了选择人的重要标准。例如，假设班里所有学生都捐了一些钱给患病的人，他们会请谁负责把这笔钱送到受助人手上呢？这个代表全班管理钱的人显然必须是一个大家信得过、能放心的人[①]，那些平时品德高尚的人在此就获得了机会。这样的机会不一定能带来什么物质利益，但它所伴随的崇高感、荣誉感、归属感、价值感等，对许多人来说是美好、快乐的，我们不妨将其称为“利他之善”。

游戏中还会有学生说：“因为我跟某些同学关系好，所以我把奖品分给他们，我也很快乐。”正如亚里士多德所说，朋友是“另一个自己”。[②]有些时候，我们把自己的亲人、朋友看成自我的一部分，与他们水乳交融、不分彼此。这也可以解释为什么社会上有许多人愿意为了救亲友而牺牲自己。

因此，刘清平指出，人们能够互不妨碍地实现自己意欲的利己之善和利他之善，在许多情况下达成的某种善还会有助于达成另一种善。[③]人类会做出利他行为，与做出利己行为一样自然，两者都源于人类的动物性。[④]人类真正高于动物的地方在于，无论人做出何种行为，都是伴随着思考和价值判断的，而不像动物，它们的行动完全出于本能。因此当人们像这个游戏里一样，基于理性明白了怎样

① 当然，除了选择值得信任的人来从事这项工作，还有一种策略，那就是建立监督机制，例如，安排两个学生共同负责此事。

② 亚里士多德．尼各马可伦理学［M］．廖申白，译注．北京：商务印书馆，2003：266–269.

③ 刘清平．人性与德性的两难：利己与利他的悖论解析［J］．伦理学研究，2019（4）：34–41.

④ 有些人认为趋利避害来自人的动物性，而利他行为来自人的社会性。这种说法有一定问题。群居的、社会性的动物都具有一定的社会本能，有些甚至会牺牲个体以实现群体的繁衍，如蜂群遇到威胁时，工蜂会牺牲自己的生命来攻击入侵者。不过，工蜂的这种行为是本能的、没有思考的，而人类为他人、群体做出牺牲，则往往是有思考的行为。

做对自己和他人都最有利时，就能基于理性而非冲动去行事。正是人类理性的光辉，才创造出了这节课全体学生一起战胜“志愿者困境”的“奇迹”。

五、哲思写作

如果课上有多余的时间，教师可以请感兴趣的学生就以下题目进行想象和写作，也可以将其作为课后自愿完成的活动来布置。

> 校园生活或社会事件中，是否有像这节课前半段那样，因为大家不能约定好相互帮助，结果每个人都受损（或无法受益）的情况？[①] 选择其中一种，描述清楚这件事的起因、经过、结果，然后说说如何用本节课上学到的方法解决这个问题。

如果学生认真完成了，教师应将有创意的作品张贴展示并给予一定激励。

---

① 教师可以结合学校生活或社会新闻举一些例子。

第八章

君子应该远离厨房吗？（教案）

《孟子》中记载了这样一个故事：齐宣王看到一头即将被宰杀的牛，于心不忍，把这头牛救下了，可是，他却让人找一只羊来代替。孟子大力赞赏齐宣王的做法，还说：君子对于他见过其面、听过其声音的动物，自然不忍见其被杀，所以平时最好不要走进厨房，免得目睹动物的屠宰场面。这就是“君子远庖厨”说法的来历。然而，无论“以羊易牛”的做法还是“君子远庖厨”的说法，都引起了当时人和后代人的许多不解和争议。本课以中华经典中这一富于争议的片段为刺激物，讨论仁爱、关怀、传统文化、动物伦理、恻隐之心等哲学问题，引导儿童关爱人和动物，有意识地培养仁的情感。

本课可用3～4课时完成，适用于五到七年级学生。[①]

目标意识如表8-1所示。

表8-1　目标意识

领域	目标意识
价值理念	● 对我们认识的人和动物有更多的同情和关心，这是人之常情。但这不意味着我们可以不关心那些我们不认识的人和动物。我们可以努力去认识更多的人、更多的事物，扩展我们关怀的界限 ● 对于不合理的传统，我们可以进行改造和创新，但是在改造的时候要保留传统中有价值的部分

① 本课由黄睿开发并撰写哲学解读。

续表

领域	目标意识
思想方法	● 要理解古代哲学家的话，需要先理解其中出现的每一个词。但一个词往往有多个意思，所以对于同一句话，人们也会有各种各样的解释。作为当代人，可以选择我们认为最有哲理、对我们最有启发的那种解释
哲理智慧	● 孟子说："君子之于物也，爱之而弗仁；于民也，仁之而弗亲。亲亲而仁民，仁民而爱物。"（《孟子·尽心上》）对于与我们关系密切的人（也许还有伴侣动物[①]），我们怀有的感情是"亲爱"（主动地关心他们、希望他们更好），对一般人怀有的感情只是"仁爱"（尊重他人、不损人利己），对于人造物和自然资源怀有的感情则是"爱惜"（不浪费、不破坏）

第一阶段　齐宣王有更好的做法吗？

一、问题情境

教师在屏幕上展示"君子远庖厨"五个字，问学生有没有听过这句话，他们是怎样理解的。社会上有些人认为这句话的意思是男人应该远离厨房、少做家务。如果有学生提出了这种理解，教师可以问问其他学生是否赞同这种观点。如果没有学生听过这句话，教师可以说：

> 这句话出自中国古代的经典《孟子》。有些人说，"君子远庖厨"的意思就是男人应该远离厨房、少做家务。你们觉得这种说法有道理吗？

① 伴侣动物是宠物的更准确的说法，指的是能够和人生活在一起，进行亲密沟通和情感交流，能够给人带来快乐的动物。

一般来说，学生不会赞同这种观点。经过简短讨论，大家产生兴趣后，教师说：

其实孟子的话并不是这个意思。要知道孟子到底为什么说了这句话，就让我们一起了解一下这句话的出处吧！我们知道，孟子是战国时代的大哲学家。他第二次来到齐国的时候，见到了即位不久的国君齐宣王[①]。那时候齐国的国力正在上升，这位国君雄心勃勃，希望成为天下的共主，听说大哲学家孟子来了，当然会向他请教治理天下的道理。而“君子远庖厨”这句话，就出现在他们的对话中。这则故事有两部分，我们今天先读第一部分，下次再读第二部分。

接下来，学生阅读“君子远庖厨”故事的第一部分：

齐宣王问孟子：“我要有什么样的品质，才能成为天下共同拥戴的领导者[②]呢？”

孟子说：“如果您能好好爱护您的人民，就能成为天下共同拥戴的领导者，没有人能阻挡您。”

齐宣王不好意思地说：“像我这样的人，也能爱护人民吗？”[③]

---

① 齐宣王（约前350年—前301年），在公元前319年（一说为前320年）—前301年担任齐国国君。孟子于公元前318年第二次前往齐国后，齐宣王曾多次向孟子请教。

② 战国时代列国并立，许多大国的君主都有成为天下共主的理想。在战国思想家眼中，有两种成为天下共主的方式：“霸道”是用强大的武力迫使各国臣服；“王道”则是致力于完善本国的政治、改善本国人民的生活，从而得到各国人民自发的认同和拥戴。孟子反对“霸道”而主张“王道”，所以这里将“王”翻译成“成为天下共同拥戴的领导者”。

③ 如果有学生困惑为什么齐宣王不好意思，教师可以解释说齐宣王因为自己有很多缺点而不太自信，觉得有这么多缺点的人没办法成为优秀的领导者。至于他的缺点是什么，我们读完这个故事就能略知一二。当然，我们也可以思考：一个有缺点的人就当不好领导者吗？如果教师希望具体了解齐宣王的缺点，可参阅《孟子·梁惠王下》。

孟子说："可以呀！"

齐宣王说："您是怎么看出来我可以的？"

孟子说："我听您的大臣说过这样一件事。有一天，您坐在堂上，有个仆人牵着一头牛从堂下走过。您看到了，就问：'这牛要牵去哪儿呀？'仆人说：'牵去宰了，用来衅钟。'① 您说：'放了它吧！我看它瑟瑟发抖，好像一个没有犯罪却被判死刑的人，实在于心不忍！'仆人问：'那……衅钟仪式咱不办了？'您说：'这么重要的仪式怎么能不办呢？你找只羊来代替不就好了？'请问，是不是有这么一件事？"

齐宣王说："是有这么一件事。"②

读到这里，学生先就故事的第一部分提出问题并讨论，下节课再阅读故事的第二部分，看看孟子对齐宣王做的这件事是怎么评价的。教师也可以安排一些学生将齐宣王救牛的情节排演成小品，下节课开头时表演。

如果学生的古文阅读能力普遍较高，教师可尝试让学生阅读原文：

（齐宣王）曰："德何如则可以王矣？"

（孟子）曰："保民而王，莫之能御也。"

（齐宣王）曰："若寡人者，可以保民乎哉？"

---

① 在此可向同学解释：衅的意思是涂抹。古人在制造出一套新的编钟之后，要宰杀动物，用动物的血来涂抹钟的缝隙，然后这套编钟才能投入使用。古人觉得这是一种非常重要的典礼，就像今天商店开门要举行剪彩仪式，学校开学要举行开学典礼一样。如果教师希望了解关于衅钟的更多知识，请参阅杨华．先秦衅礼研究——中国古代用血制度研究之二［J］．江汉论坛，2003（1）：68-74.

② 出自《孟子·梁惠王上》。编者在将其译为现代文时，为了使文句生动通畅，进行了少量删改。

（孟子）曰："可。"

（齐宣王）曰："何由知吾可也？"

（孟子）曰："臣闻之胡龁曰：'王坐于堂上，有牵牛而过堂下者，王见之，曰：牛何之？对曰：将以衅钟。王曰：舍之！吾不忍其觳觫，若无罪而就死地。对曰：然则废衅钟与？曰：何可废也？以羊易之。'不识有诸？"

（齐宣王）曰："有之。"①

二、互动框架

互动框架如表 8-2 所示。

表 8-2　互动框架

时长 /min	互动模式	设计意图
5	学生分角色有感情地朗读故事，遇到不懂的字词或历史知识可以随时提问	进入问题情境
3	教师再有感情地朗读一次，确保学生理解故事情节	进入问题情境
5	分组讨论，对这个故事提出尽可能多的问题。每组将最想讨论的 2 个问题用大字写在纸上，贴到黑板上。教师统计学生最关心的问题	提出问题
5	对于学生提出的有定论的问题（关于历史知识的问题），教师可直接解答，解答后在问题后打钩表示已解决，然后从其他学生关心的问题中选几个展开讨论	选择问题
22	针对选出的问题，进行小组讨论和全班讨论	讨论问题

① 出自《孟子·梁惠王上》。

三、常见问题

关于本故事的常见问题如图 8–1 所示。

- 君子远庖厨
  - 齐宣王为什么担心自己没法爱护人民？
  - 牛为什么会瑟瑟发抖？
    - 动物会不会痛苦？
    - 动物会不会恐惧？
  - 牛是因为知道自己快死了而颤抖吗？
  - 为什么一定要杀牛来衅钟？
    - 能不能取消衅钟仪式？
    - 能不能用别的动物？
  - 齐宣王为什么会不忍心看到牛颤抖？
  - 齐宣王用羊替代牛，这样做合理吗？
  - 为什么齐宣王说牛“无罪”？
    - 动物会有罪吗？
  - 齐宣王的行为值得表扬吗？
    - 哪方面值得表扬？
  - 齐宣王救牛的故事同爱护人民有关系吗？

图 8–1 关于“君子远庖厨”故事的常见问题

四、哲学解读

1. 牛为什么会瑟瑟发抖？

对这个问题，很多学生会认为牛没有人类那样强大的理解能力，不可能预知自己将要被屠宰，所以牛瑟瑟发抖必然是由于别的原因（例如天气太冷）。不过，牛一定不能猜到自己要被屠宰吗？我们可以回想家里养猫狗的过程中自己和猫狗的互动。猫狗是否能预料到事物之间的某些联系（例如，表现好可以得到奖励）？如果它们完全不能做到，那么我们就无法训练猫狗去做出我们想要的行为了。牛与猫狗同为哺乳动物，牛是否也可能根据过去的经验预料到自己将要被宰杀呢？

在此，学生完全可以发挥想象：也许许多牛一起被养在齐国王宫的牛圈里，过去每当齐王要吃牛肉，总是有一头牛被牵出来带去厨房，之后厨房便传来了牛的哀嚎声，而且这头牛再也没有回来。即使牛没有“死亡”的概念，它们或许也会意识到被牵去厨房是一件痛苦的事并为此感到恐惧。

根据上述讨论，我们可以更好地理解为什么当代人为了实现动物福利，在宰杀牲畜时尽量采取无痛屠宰的方式。[①] 如果屠宰的方式过于痛苦，不仅让屠宰者难以忍受，也会让被屠宰的动物发出哀嚎；同类们听见屠宰场（或厨房）传来的哀嚎，也会知道这是一个痛苦的地方，将来自己被牵去那里时也可能会感到极度恐惧。

最后，教师可以提问：即使牛是由于别的原因瑟瑟发抖，齐宣王的同情是否就成了错误？我们同情一个不幸的人或动物，究竟是由于对方的痛苦，还是由于对方对痛苦的恐惧呢？如果一个人得了绝症，但他毫不畏惧，是否就不值得我们同情了？

齐宣王为什么会用羊来代替牛？这样做合理吗？

这可能是故事中最令人困惑的问题。学生会对齐宣王的做法提出以下各种异议。教师可请学生将理由全部提出，然后请学生想一想：这些异议站得住脚吗？如果学生没有追问，教师可以尝试追问。

---

① 当代畜禽屠宰中采取的做法是在屠宰前先使动物昏迷，失去知觉，使动物昏迷的方法有电致昏法和气体致昏法。参阅刘功明，孙京新．肉禽福利屠宰研究进展［J］．中国家禽，2014（13）：45-49.

异议1：本来该死的是牛而不是羊，羊本来与这件事无关，却因为齐宣王的决定被牵扯了进来。从羊的角度来看，这不是很不合理吗？

追问：牛本来就“该死”吗？

异议2：牛和羊都是生命，所以就具有相同的价值吗？

追问：牛和羊是不同的物种，物种之间真的没有高低贵贱之分吗？为什么像大熊猫这样的动物得到人们无微不至的照顾，而家里出现蟑螂、老鼠的时候我们会毫不犹豫地打死它们呢？而且，如果不同物种的生命是平等的，那么人也是一种物种，人的生命和动物相比是平等的吗？可以为救一只动物而牺牲一个人的生命吗？

异议3：不同物种的生命可能有不同价值，但是故事中的牛和羊是差不多的。如果牛会因为即将死亡而恐惧，那么羊也会。齐宣王如果不忍心杀牛，为什么会忍心杀羊？

追问：如果牛和羊都会恐惧，那么故事里这头被救下来的牛和那只被抓去替代的羊有什么不一样？（一开始学生会答大小、品种、颜色之类，教师可强调“在故事里”，学生则应会想到牛被齐宣王看见了，而羊则没有）为什么齐宣王会比较同情他眼前看到的牛，而不怎么同情他没有看到的羊呢？生活中我们会不会更关心我们认识或者熟悉的人？一个不认识的人生了重病，跟班上的一个同学生了重病，你的感受一样吗？

当然，也可能有学生认为齐宣王用羊来替代是合理的，理由是羊比牛更便宜。对此，我们可以追问：齐宣王救牛的目的是省钱吗？如果经济上成本更低就是合理的，为什么不用比羊更便宜的动物呢？

聊到这里，我们可以大致意识到齐宣王救牛的行为背后有一定的合理性，因为他亲眼见到了这头牛，和这头牛之间就有了情感联系。这就像我们会很自然地更关心我们的亲人、朋友、伴侣动物，胜于外人、陌生人和野生动物。在哲学上，这种思考方式叫作关怀伦理学。关怀伦理学的代表人物诺丁斯（Nel Noddings）认为“责任来自相遇”，我们不可能同时爱所有人，而是主要关怀那些与我们相遇的人——包括我们的亲人、朋友、恋人，也可以延伸到与我们相遇的动物（主要是伴侣动物）身上。人和动物可以建立关怀的关系，是因为我们既可以感受到动物受到虐待时的痛苦，也可以感受到动物被人关怀时的快乐，以及动物对关怀者的回应。[①] 因为牛从堂下走过这个偶然事件，齐宣王与这头牛相遇了，因此就对牛有了某种责任。就像同学们很偶然地分在同一个班，教师也很偶然地教了这个班，大家因此可以成为好伙伴，相互关心、相互帮助。其实，在孟子的思想里也有类似于关怀伦理的想法。

哲理智慧

孟子说：“君子之于物也，爱之而弗仁；于民也，仁之而弗亲。亲亲而仁民，仁民而爱物。”（《孟子·尽心上》）对于与我们关系密切的人（也许还有伴侣动物），我们怀有的感情是“亲爱”（主动地关心他们、希望他们更好），对一般人怀有的感情只是“仁爱”（尊重他人、不损人利己），对于人造物和自然资源怀有的感情则是“爱惜”（不浪费、不破坏）。

① 诺丁斯．关心：伦理和道德教育的女性路径［M］．武云斐，译．北京：北京大学出版社，2014：111-117.

由此，我们可能比较好理解齐宣王为什么用羊来替代牛。齐宣王最初的想法，也许是要救下眼前这头已经与他相遇的牛；只不过，如果说牵另一头牛来代替，好像又怪怪的。也许齐宣王因为与一头牛相遇了，故而爱所有牛了。就像养过伴侣狗的人，也会爱其他狗（包括野狗）一样。结果，齐宣王大概没有细想，就随口说用羊来代替。

不过，齐宣王只要运用一下想象力，不难想到：既然这头牛会在被宰杀前感到恐惧，那只羊说不定也会。既然齐宣王都已经同情了这头牛，为什么不把同情的范围稍微再扩大一点呢？如果他对自己没看到的东西就不再关心，那么以后杀牛的人就会故意把牛牵得远远的，不让他看到。至于那些生活在苦难中的贫苦百姓，只要没有被齐宣王亲眼看到，他就不会关心。这真的合理吗？因此，如果真的要做一个充满关怀的人，我们就需要努力走出“认识”的狭小圈子，去和更多人、更多事物相遇。

价值理念
我们对认识的人和动物有更多的同情和关心，这是人之常情。但这不意味着我们可以不关心那些我们不认识的人和动物。我们可以努力去认识更多的人、更多的事物，扩展我们关怀的界限。

2. 齐宣王值得表扬吗？这个故事与爱护人民有什么关系？

学生的第一反应大概是不值得表扬，因为在前一个问题的讨论中，以羊代替牛被视为没有意义的行为。不妨请学生静下心来想想：齐宣王是齐国的国君，如果孟子好好鼓励他，让他相信自己是个善良的人，也许将来他就会更加努力地去爱护人民。如果我们要努力从齐宣王的这个故事中找出一个优点来表扬他，你会怎么说呢？[①]

对此，学生可能会指出：齐宣王看到牛瑟瑟发抖后表示同情，这是非常善良的心态。有的学生还会补上一句：如果他能把这种同情心用在人民身上就更好了。[②]说到这里，我们也就可以理解孟子讲这个故事的用意：虽然齐宣王救牛的方式让我们不解，但把对牛的同情心稍稍推广、延伸一下，齐宣王就可以成为爱护人民的仁君。

如果有时间，教师还可以联系“恻隐之心”的概念来解释这个问题。齐宣王看到牛死前瑟瑟发抖的样子感到不忍心，和我们突然看到一个小孩子快要掉进井里时心里一紧，本能地想伸手去拉住他的心情是类似的。这种心情被孟子称为“恻隐之心”（见《孟子·公孙丑上》）。孟子认为，恻隐之心是一瞬间突然产生的，你产生这种心情，既不是因为想要在救了小孩之后跟他父母交朋友、拉关系，也不是因为想要被广泛报道，得到人们的表扬，更不是因为害怕听到小孩掉进井里后哭闹的声音。这种心情是每个人都有的善良天性，我们能成长为一个善良的人，就是将这种本能不断扩充、推广的结果。所以我们也可以说：当我们表扬齐宣王时，不是因为他的做法完美无缺，而是因为他表现出了“恻隐之心”；只要把“恻隐之心”不断推广，扩展到人民身上，他就能成为爱护人民的好国君。

---

① 此处实际上也嵌入了一个社会情感能力的学习目标，即教会学生如何友善而真诚地鼓励他人，并且让学生意识到鼓励和肯定可以使人不断进步。因此教师引导时的情感和语气很重要，务必要让学生明白我们是在真诚地寻找齐宣王的优点，而不是故意以反话加以讽刺。也希望儿童哲学教师自身能当好表率，经常寻找学生的优点并真诚地给予鼓励。

② 这是儿童特别熟悉的句式：家长经常说“如果你把玩游戏的心用在学习上就好了”。

3. 齐宣王想救牛，有没有更好的方式？

学生首先会想到废除衅钟的仪式。如果要讨论“衅钟之礼是否可废”，要掌握大量的历史学、民俗学知识，这恐怕不是儿童哲学课堂所能处理的。所以我们建议教师将这个问题用“假设”的方法悬置起来，对学生说：“假设衅钟的仪式对国家有非常重要的意义，确实不能废除，那么齐宣王还有别的方案来救牛吗？”

在这个限定条件下，学生通常会想到对仪式进行一定的修改。例如有的学生说用花瓣做成红色的颜料，代替牛血涂抹在编钟上。有的学生会说用牛的粪便来代替牛血。也许还会有别的方案，如抽取牛的部分血液而不危及其生命（类似于献血），使用危害人类的动物的血液等。

这些想法，实际上涉及对衅钟典礼的创造性改造。其实，任何传统都是在不断改变的。清代学者焦循发现，就文献中可考的礼制而言，只有用羊、猪、鸡血来“衅”器物的规定，从未有以牛衅钟的记载，这大概是因为牛是当时最珍贵的牲口，不应该轻易使用。在齐宣王的时代，齐国为了一套编钟就杀牛，这种做法并没有经典上的依据，恐怕已经是一种同古礼相违背的习惯了。[①] 换句话说，杀牛衅钟本身是当时的一件新鲜事，而不是传统。儒家虽然一贯重视文化传统，但重视的是文化传统的精神实质而非表面形式。孔子本人就是一个伟大的文化革新者，他与那些不加批判地固守僵化传统的人是“道不同，不相为谋”的。[②]

因此，用红色颜料代替牛血，是很有意思的想法。这种想法是

---

① 焦循．孟子正义［M］．沈文倬，点校．北京：中华书局，2017：88-89.

② 赫伯特·芬格莱特．孔子：即凡而圣［M］．彭国翔，张华，译．南京：江苏人民出版社，2002：53-60.

以一种颜色与牛血类似的物质来衅钟。我们在保留传统仪式的同时，只要改变一些细节，就可以与当代人的价值观相符。

价值理念
对于不合理的传统，我们可以进行改造和创新，但是在改造的时候要保留传统中有价值的部分。

第二阶段　如何理解“君子远庖厨”？

一、问题情境

教师简要回顾上节课的故事，如有可能，请一组学生将齐宣王救牛的情节表演出来。

在上一节课，学生研究了齐宣王为什么用羊替代牛的问题。通过上次的讨论，学生理解了人对他人或动物为什么会有同情的心理。那么，孟子对齐宣王的这种同情心是怎么评论的呢？他为什么说了“君子远庖厨”这句话呢？学生一起阅读故事的第二部分：

孟子说：“您看到牛瑟瑟发抖，有一种不忍心的感觉，这就足以使您成为天下共同拥戴的领导者！百姓也许都说您是因为吝啬所以用羊代替了牛，但是我一听就知道您是因为不忍心。”

齐宣王说：“对啊！确实有百姓那样讲我。说真的，齐国虽然不算太富有，但一头牛我还是不至于吝啬的。我不过是不忍心看牛瑟瑟发抖，像一个没有犯罪却被判死刑的人一样，所以才用羊来替代它。”

孟子说：“其实百姓说您吝啬，您也不必感到奇怪。因为羊比较便宜，牛却比较贵，您用价值小的来代替价值大的，他们怎么知道您心里是怎么想的呢？如果您真的同情那头牛，那羊和牛又有什么分别？为什么您同情牛而不同情羊呢？”

齐宣王不好意思地笑了：“哎，我都不懂我当时是怎么想的了！我真不是吝啬。但我为什么偏偏用羊来替代呢？百姓说我心疼钱，也是我活该。”

孟子说：“没关系的，这是想做好事却没法做得尽善尽美时，不得不采取的手段[①]而已。您想到要救牛，却没有想到救羊，是因为您遇见了牛，却没有遇见羊。君子对于动物有这样的心情：如果见到了它活着的样子，就不忍心看它死掉的样子；听到了它的叫声，就不忍心吃它的肉。所以有句话叫‘君子远庖厨’（君子应该远离屠宰动物的工作）嘛！”[②]

如果学生的古文阅读能力普遍较高，教师可尝试让学生阅读原文：

（孟子）曰：“是心足以王矣。百姓皆以王为爱也，臣固知王之不忍也。”

王曰：“然。诚有百姓者，齐国虽褊小，吾何爱一牛？即不忍其觳觫，若无罪而就死地，故以羊易之也。”

---

① 对此，教师可进一步解释：齐宣王想要救牛，但他觉得衅钟的仪式也很重要，他找不到一种尽善尽美的解决方案，结果不得已使羊成为了牺牲品。上节课，我们想到了不少不用杀动物就可以完成衅钟仪式的好办法，只是齐宣王不懂得那样去思考问题，所以他找不到尽善尽美的方案。

② 出自《孟子·梁惠王上》。编者在将其译为现代文时，为了使文句生动通畅，进行了少量删改。

（孟子）曰："王无异于百姓之以王为爱也。以小易大，彼恶知之？王若隐其无罪而就死地，则牛羊何择焉？"

王笑曰："是诚何心哉！我非爱其财。而易之以羊也，宜乎百姓之谓我爱也。"

（孟子）曰："无伤也，是乃仁术也，见牛未见羊也。君子之于禽兽也，见其生不忍见其死，闻其声不忍食其肉。是以君子远庖厨也。"

二、互动框架

互动框架如表 8–3 所示。

表 8–3　互动框架

时长 /min	互动模式	设计意图
3	回顾上阶段的故事情节	进入问题情境
5	学生分角色有感情地朗读故事，遇到不懂的字词或历史知识可以随时提问	进入问题情境
3	教师再有感情地朗读一次，确保学生理解故事情节	进入问题情境
5	分组讨论教师提出的问题	讨论问题
20	针对问题进行全班讨论	讨论问题
4	教师总结两个阶段的学习成果	评价与激励

三、常见问题

学生读完故事后，主要讨论以下问题。

（1）孟子说看到牛瑟瑟发抖时有种不忍心的感觉，就足以成为天下共同拥戴的领导者，你赞同吗？

（2）有人认为，孟子说“君子远庖厨”的意思是君子应该少去厨房，因为一旦在厨房看见了活的动物，就不忍心再在饭桌上吃它的肉；为了能吃得心安理得，就应该少去厨房。你赞同这种理解吗？

（3）还有一种解释，认为“君子远庖厨”说的是如果经常目睹宰杀动物的残酷景象，久而久之就会失去同情心，对于百姓的死亡和痛苦也会麻木不仁。为了保护自己的同情心，要少去厨房。你赞同这种理解吗？

（4）你认为孟子说“君子远庖厨”的时候，真正想表达的是什么呢？

四、哲学解读

1. 孟子说“君子远庖厨”时，到底想表达什么？

要理解一句不太好懂的话，有一个好办法，就是先理解其中出现的每一个词。当然，有时候句中的某个词不好理解的时候，我们又反过来需要通过上下文来解释这个词。理解，就是一个不断从局部走向整体，又从整体走向局部的过程。这样一种理解的方法，在哲学上叫作诠释学循环[①]。

在理解“君子远庖厨”这句话的时候，让我们试着先从词语入手。

“君子”这个词有不同的意思。有时候“君子”意味着统治者，和人民相对。有时候“君子”意味着心胸宽广、品格高尚的人，和气量狭小的人相对。那么，“君子”可以是女性吗？古人受到男尊女卑思想的束缚，认为女性不太可能当统治者，也不太可能具有高

① 洪汉鼎．诠释学：它的历史和当代发展［M］．北京：中国人民大学出版社，2018：54-64.

尚的品格，因此很少把女性称为“君子”。在性别平等的当代社会，大部分人认为女性完全有可能具有高尚的品格，也完全能担任统治者，因此现在我们说一位女性是“君子”也毫不奇怪。孟子的这句话里，“君子”解释成统治者或品格高尚的人似乎都可以，但无论如何都不是特指男性，因此这句话也绝不意味着“男人应该少做家务”。

那么“远庖厨”又应该如何理解呢？“远”指的是拉开距离、不要靠近；“庖”本身便是“厨”的意思。这里要注意古人生活与现代生活的一个差别。今天，我们不会在自己家的厨房里宰杀牲畜或家禽。牲畜和家禽是在专门的屠宰场里宰杀完，再被我们买回家来做成菜肴的。可是在先秦时代，尤其是在王宫这样一个经常吃肉的地方，牲畜是在厨房里宰杀的。所以“君子远庖厨”主要是说君子应该少从事或者目睹宰杀牲畜这样的工作。

那么，为什么君子应该少做这样的事呢？

第一种解释：君子应该少去厨房，因为一旦在厨房看见了活的动物，就不忍心再在饭桌上吃它的肉；为了能吃得心安理得，就应该少去厨房。你赞同这种解释吗？这是不是一种虚伪呢？难道我们在饭桌上吃动物肉的时候，就不会想象到它被宰杀的情景吗？

第二种解释：如果经常目睹宰杀动物的残酷景象，就会对杀戮和痛苦感到习以为常，久而久之就会失去同情心，对于百姓的死亡和痛苦也会麻木不仁。为了保护自己的同情心，要少去厨房。你赞同这种解释吗？一个人的同情心会不会因为目睹了痛苦的场景而消失呢？

第三种解释："君子远庖厨"是个古已有之的说法[①]，孟子自己也不赞同，他在这里提出，只是借用这句话来夸奖齐宣王是个君子，因为他像古代的君子那样会对动物有怜悯之心。孟子希望君子是仁慈的、有同情心的，但未必认为君子就真的要远离厨房。

其实，关于这句话的解释并没有标准答案，我们每个人都可以选择我们觉得更合理的解释。

思想方法
要理解古代哲学家的话，需要先理解其中出现的每一个词。但一个词往往有多个意思，所以对于同一句话，人们也会有各种各样的解释。作为当代人，可以选择我们认为最有哲理、对我们最有启发的那种解释。

2. 有不忍心的感觉，就足以成为天下共同拥戴的领导者吗？

对于这个问题，教师可以鼓励学生从正反两方面寻找论据。

一方面，"不忍心"对于一个优秀的政治领导者有什么好处？学生也许会说，领导者只有不忍心看到坏事（如战乱、饥荒等）发生，才会努力采取措施去避免坏事发生。孟子认为，在战乱频仍、民不聊生的战国时代，一个君主只要能少打仗、少收税、少征发劳役，人民就会非常感谢这个君主，会自发地拥戴他。所以孟子说："老者

---

① "君子远庖厨"的说法不是孟子首创的，《礼记·玉藻》说："君无故不杀牛，大夫无故不杀羊，士无故不杀犬、豕。君子远庖厨，凡有血气之类，弗身践也。"《礼记》中的这一说法似乎更强调身份意味，即国君、大夫、士这样一些高贵的人不应该亲自从事（身践）屠宰的工作。但是不亲自从事，就意味着要有人代为从事，并不会改变牛羊等动物被杀的命运。可以说，《礼记》中的"君子远庖厨"谈的不是要不要关怀动物，而是强调身份差别的重要性。孟子在这里引用这句话，其实已经是断章取义了。不过，在春秋战国时代，断章取义并不一定是贬义的，例如引用诗经作为外交辞令时，需要的就是断章取义。

衣帛食肉，黎民不饥不寒，然而不王者，未之有也。”[①] 孟子把这种“不忍心”也叫作“不忍人之心”，他说：“以不忍人之心，行不忍人之政，治天下可运之掌上。”[②]

当然，对于赞同这种观点的人，我们可以追问：优秀的领导者仅仅有不忍人之心就够了吗？齐宣王已经有不忍人之心，但他为什么还是杀了羊呢？上节课我们讨论到，他之所以不同情羊，是因为他没有遇见那只羊。所以，领导者不能仅仅对眼皮子底下发生的坏事感到“不忍心”，因为很多坏事都是在他的视野之外发生的。孟子提醒齐宣王，现在在齐国的土地上人民过的是这样的生活：老百姓的收入既不足以供养父母，也不足以养活配偶和孩子，即使风调雨顺的年份也终年困苦，万一遇到收成不好的年份就免不了会饿死（“仰不足以事父母，俯不足以畜妻子，乐岁终身苦，凶年不免于死亡”）[③]。齐宣王如果走出宫殿，去看看那些他从未遇见的普通百姓过着什么生活，就会“不忍心”百姓受苦，然后发奋成为一个优秀的领导者。

另一方面，也会有些学生觉得“不忍心”是一种坏处，领导者在某些时候恰恰需要“忍心”做残忍的事。例如，有人犯错误或犯罪了，即使惩罚很严厉，领导者也要狠下心来执行（例如诸葛亮挥泪斩马谡）。再者，领导者在决策中经常要忍受一些“必要的恶”：为了保护最大多数人的最大利益，有时不得不暂时牺牲某些群体。这时候，如果他因“不忍心”而无法及时做出决策，就会使更多的人受害。

---

① 出自《孟子·梁惠王上》。
② 出自《孟子·公孙丑上》。
③ 出自《孟子·梁惠王上》。

我们还可以追问：除了“不忍心”，领导者还需要哪些优秀品质？学生可能提出博学、智慧、合作能力强、倾听和表达能力强等。教师可以请学生将这方面的思考写下来。

第九章

有了隐形的戒指会怎么样？（教案）

本课基于古希腊哲学经典《理想国》中著名的思想实验，引发我们关于“人为什么会有道德良知”的思考，探究外部的“他律”与内心的“自律”之间的关系。

本课可用 2 课时完成，适用于五到七年级学生。[①]

目标意识如表 9-1 所示。

表 9-1　目标意识

领域	目标意识
价值理念	● 科学技术不断为人类创造各种“超能力”，但只有合乎伦理地运用这些能力，才能为人类造福
思想方法	● 想象一种很难实现或不可能实现的情况，可以帮助我们更深刻地理解现实中可能出现的情况。这样的方法称为思想实验
哲理智慧	● 任何一种能力都有其局限性，“超能力”并不能使人获得绝对的自由 ● 纯粹出于内心的自律而做好事确实是崇高的；不过即使是为了让他人看到而“表演”道德行为，也有可能“假戏真做”，逐渐成为真正的好人

① 本课由张娅、蔡朋冰、宋其恩开发，张娅、宋其恩、蔡朋冰、黄睿撰写哲学解读。

第一阶段　围绕学生所提问题的探究

一、问题情境

阅读“隐形的戒指”故事①：

古希腊有个哲学家叫柏拉图。他小的时候就很爱跟哥哥格劳孔讨论问题。

有一天，哥哥说：“我一直想不通，为什么我们要当好人？”

柏拉图说：“这很简单，因为当好人对我们来说有好处。”

哥哥说：“你说说，能有什么好处？”

柏拉图说：“有很多呀！比如，别人知道你是好人，就会对你好。”

哥哥说：“你想要这个好处的话，并不需要真的‘是’好人啊。你完全可以去做各种坏事，只要让别人‘觉得’你是好人就行啦！”

柏拉图说：“这是不可能的。既然你做了坏事，别人怎么会‘觉得’你是好人呢！”

哥哥说：“假如有可能呢？”

柏拉图惊讶地说：“啊？”

于是哥哥就讲了这样一个故事：“传说中，在遥远的吕底亚王国，有一位名叫古格斯的牧羊人，他每天老老实实地给国王放羊。有一天，在他放羊的时候突然刮起狂风，下起暴雨，大地也剧烈地摇晃。地震过后，在他原来放羊

---

① 出自柏拉图《理想国》，由编者译自英文，并对故事进行了改编，以使儿童更容易理解。

的地方，大地裂开了一条大缝。他虽然惊讶不已，但还是走了进去，在裂开的地缝里看见了许许多多奇妙的东西。最后他发现了一匹中空的铜马，铜马身上有小窗，可以让人看见里面的样子。他透过小窗往里瞧，发现铜马里有一枚金戒指，古格斯就把金戒指取下来离开了。

“第二天，国王召集牧羊人来开会，让他们汇报羊群的情况。古格斯开会的时候就把手上的戒指转呀转，突然旁边的同伴们喊道：‘古格斯去哪了？他刚才还坐在我边上呀？’大家都开始东张西望地找古格斯。古格斯心想：我就在这里呀！他低下头看看自己的手，发现戒指的宝石已经被他转到了手心那一面，他似乎明白了什么。于是他把戒指的宝石又转到手背那一面，这时周围人就都看见他了。

“回家以后，古格斯又偷偷做了很多次实验，发现每当戒指的宝石被转到手心那一面时，就没有人能看见他。确定了这一点之后，他马上就去报名当国王的信使，这样他就有机会走近国王。很快，他就杀掉了国王，夺取了王位，获得了国王的许多财宝。”

讲完这个故事，兄弟俩沉默了一会儿。然后格劳孔看向柏拉图，问：“如果有一个好人和一个坏人，他们都戴着隐形的戒指，哪怕在市场上直接拿走别人的东西，闯进别人家里偷东西，随便杀人，放走监狱里的囚犯，都不会被抓到。在这种情况下，那个好人还愿意继续当好人吗？如果愿意的话，他又是为了什么呢？”

二、互动框架

互动框架如表 9–2 所示。

表 9–2 互动框架

时长 /min	互动模式	设计意图
5	请同学有感情地朗读故事，每人一个自然段	进入问题情境
5	分组讨论，对这个故事提出尽可能多的问题	提出问题
5	每组派代表汇报本组提出的问题（只能说 2 个，且不能与之前的组重复），教师做记录。如果提的问题较少，等小组都汇报完后，可以请还想提问的同学举手补充	提出问题
3	投票选出最想讨论的问题。投票时闭眼，教师读出问题，想讨论的同学举手，教师计票。每个人最多投 3 票，可以不投票	选择问题
7	针对票数最高的几个问题，进行小组讨论	讨论问题
15	针对票数最高的几个问题，依次进行全班讨论	讨论问题

三、常见问题

关于“隐形的戒指”故事，学生可能提出以下问题。

（1）古格斯原本是老实的牧羊人，为什么获得戒指之后性情大变？

（2）隐形后的各种行为真的是谁都看不见的吗？

（3）隐形后，自己看得见自己吗？

（4）该怎么样让隐形的人显形呢？

（5）古格斯杀死国王后，别人为什么要拥戴他当新国王呢？

（6）古格斯当了国王，会不会比过去的国王管理得更好？

（7）除了杀死国王，古格斯还会用戒指做别的坏事吗？

（8）有了隐形的能力，好人还会做好事吗？

（9）有了隐形的能力，是否增强了做好事的能力？

（10）因为会被别人看见，所以才做好事，这样的人算是好人吗？

（11）如果你获得了隐形的戒指，你会怎么做？

（12）如果每个人都有了隐形的戒指，会发生什么？

（13）如果某些人具备看穿隐形的“超能力”，会发生什么？

四、哲学解读

1. 隐形后真的可以为所欲为吗？

在阅读这个故事时，有些学生会误以为古格斯有了隐形的戒指就具有了无限的“超能力”。这个问题的讨论可以帮助学生完整、准确地理解刺激物。其实，单靠隐形能力，古格斯依然有很多事无法做到。例如，他不可能克服自然规律的限制，让太阳从西边升起；不能改变他人的想法；不能改变已经发生的事；不能克服自身生老病死的必然性；很难靠隐形能力获得爱、尊重、信任；等等。因此，古格斯杀死原先的国王，也未必能当上新国王，因为臣民未必会拥戴他，他也未必具有统治国家的能力。还会有学生提出，隐形的戒指甚至连隐形功能都不一定能很好地实现。例如，其他人也许可以通过影子、触摸、声呐、雷达、泼洒粉末和液体等方式发现古格斯的存在。即使戴着隐形的戒指做坏事，他也可能会留下指纹、痕迹、毛发等证物，真相总有一天会大白于天下。

学生在此基础上可以进一步思考：什么样的能力或“超能力”能让人为所欲为？也许有学生会提出，如果有一种“超能力”叫作“让人为所欲为的‘超能力’”，那么拥有了它就可以为所欲为了。对这类论证可以借用哲学史上一个有趣的提问来质疑。中世纪哲学史上曾有“上帝能不能造出一块自己举不起来的石头”的提问，以此来反驳“上帝是全能的”这个观点。我们可以仿照这一论证提问：如果一个人有可以为所欲为的“超能力”，那么他能让另一个人也拥有这种能力吗？如果能，那么假如另一个获得“超能力”的人想做的事情与他相反，就会出现矛盾，两人中总会有一个人无法为所欲为。

哲理智慧
任何一种能力都有其局限性，“超能力”并不能使人获得绝对的自由。

2. 除了杀死国王，古格斯还会用戒指做别的坏事吗？

学生可能会指出这个问题的答案取决于古格斯的性格与品质。

首先，如果古格斯是个善良的人，那么他杀死国王可能是因为原先的国王做了很多坏事，并且相信自己能做得更好。在这种情况下，他杀死国王只是做好事的一种手段。尽管这个手段的正当性值得讨论，但可以确定的是在杀死国王后他就不会再用戒指去做坏事了。他甚至可能运用戒指为人们做许多好事。

其次，如果古格斯是个无恶不作的疯子，他就会继续做许多别的坏事，例如随意杀死自己的国民、对外发动战争等。但是，这样的国王会将国家带向毁灭，最终往往招致内外两方面的反抗，从而被赶下台。

最后，如果古格斯不是善良的人，只是个理性的、趋利避害的人，那么他也不太可能再做坏事了。他当上国王后可能就满足于国王的生活享受，也许偶尔会为了保住国王的位子而运用戒指（例如除掉造反的人），但不会什么坏事都做。例如，他不会随意杀害自己的国民，也不会放火烧掉自己的城市，因为他还需要这些国民和城市来供养自己。如果他足够理性，那么他也不会殴打、虐待王宫里的仆人，因为仆人一旦记恨他，可能会以下毒之类的方式报复。他最可能做的，是在满足个人生活享受的同时尽他的能力管好国家。至于国家能够管理得多好，就看他的能力高低：能力弱的话就会成为“庸君”，能力强的话就会成为“明君”，但恐怕不至于成为“暴君”。

最后一种可能性尤为重要。现实世界中，大部分人既不是“圣人”（有了戒指后丝毫不用于为自己谋利，而是天天去帮助他人），也不是“恶魔”（即使对自己不利，也要疯狂地做坏事），而是有一定理性也有一些自私的普通人。在由这样的人组成的社会中，一套设计、运行得好的制度可以大大降低人们做坏事的可能性，因为制度使做坏事的人受到惩罚、付出成本，因此趋利避害的理性的人会出于“自私”的考虑而避免做坏事。

第二阶段　围绕教师所提问题的探究

一、问题情境

本阶段针对第一阶段没有讨论完的问题开展探究，同时教师可以深入探究以下几个哲学性较强的问题：

（1）在别人看不见的情况下，你会做好事还是坏事？

（2）因为会被别人看见，所以才做好事，这样的人算是好人吗？

（3）如果人人都有了隐形的戒指，会发生什么？

二、互动框架

互动框架如表9-3所示。

表9-3　互动框架

时长/min	互动模式	设计意图
5	回顾上节课的讨论要点	进入问题情境
30	围绕教师提出的几个问题，依次进行小组和全班讨论	讨论问题
5	总结本节课的学习成果	评价与激励

三、哲学解读

1. 拥有了财富和地位，就会更幸福吗？

在这个故事中，古格斯杀死国王，获得了国王的地位和财富。但故事没有告诉我们古格斯过得怎么样。因此有学生提出了这样的问题：古格斯获得了财富和地位，他会更幸福吗？

有的学生说不会。首先，他会受到良心的谴责，也会担心恶有恶报。其次，他过上了富贵的生活，反而怕被贼惦记，每天都疑心别人要偷盗自己的财富，产生心理压力，无法轻松地享受。有学生会反驳说，只要有了钱，就可以雇用大量的保镖，住在一个装了许多安防设备的大房子里，这样就会很安全。可是又会有学生提出，住在严防死守的房子里，没有自由和隐私，与住在监狱有什么区别呢？再次，怎样避免保镖觊觎自己的财富、监守自盗或内外勾结呢？如果他再雇一批人来监督保镖，又如何监督那些监督保镖的人？

通过讨论这个问题，我们可以看出：一个人有了财富和地位，不一定就有幸福感。要享受幸福，需要生活在一个有安全感的社会里；而社会要有安全感，本身就需要杜绝偷盗、杀人这样的犯罪行为。

2. 如果人人都有了隐形的戒指，会发生什么？

在“隐形的戒指”故事讨论中，我们一直假设只有古格斯一个人拥有隐形的戒指。那么，如果人人都有，会发生什么呢？学生不难想到：社会会发生巨大的混乱，人与人在街上会撞来撞去，博物馆和商店里挤满了来偷盗名画、珠宝的人。不过再想下去，他们会发现，在这样的社会里偷盗珠宝、名画也没什么意义了，因为人人都具有很强的偷盗能力，今天我把一幅画偷回家里，明天另一个人又可能偷去他家，谁也不能确保自己对财产的所有权。在这样的社会里，交易也不再可能。即使你手里拥有一幅世界名画，别人也不肯花钱来买，怕买回家后再被偷走。由于担心隐形人闯入家中，人们还会变得疑神疑鬼，一有风吹草动就总觉得有人进了自己家，因此茶饭不思、寝食难安，导致各种心理疾病。如果出现了这样的结果，恐怕人们会为获得了隐形的戒指而后悔吧！

我们都熟悉这样一句话：“科学技术是一把双刃剑。”之所以技术会产生一些不好的后果，不仅是因为技术让我们破坏生态环境的能力增强了，也是因为某些技术容易使人突破伦理道德的底线。虽然现在人类还没有发明隐形的戒指，可是像生成式人工智能、换脸技术、人脸识别、基因编辑、无人机等先进的技术虽然能为人造福，但也可能被人出于不当的目的运用，造成社会秩序的混乱。

价值理念

科学技术不断为人类创造各种“超能力”，但只有合乎伦理地运用这些能力，才能为人类造福。

3. 因为会被别人看见，所以才做好事，这样的人算是好人吗？

格劳孔在这个故事中之所以能一时难倒柏拉图，就是因为他对好人的标准进行了重新定义。日常生活中，我们会把一个经常做好事的人，甚至是一个偶尔做好事的人叫作好人。但格劳孔认为这样的标准太低了。在现实社会中，人们会给好人以各种好处，给坏人以各种惩罚。例如，德高望重的人常成为地方、团体的领袖，人们对他们言听计从，非常信任他们，争相与他们合作；而坏人不仅受到周围人的排挤，甚至可能被关进监狱。因此格劳孔怀疑现实社会中人们只是为了得到好处才当好人，为了躲避惩罚才不当坏人的。一旦取消这些奖惩，人就不想做好事，只想做坏事了。因此，格劳孔觉得真正的好人应该是在拥有了隐形的戒指，可以不受惩罚地做坏事的情况下，依然不做坏事的人。

那么，现实社会中那些坚守道德原则、热心帮助他人，并因此得到周围人认可的人，真的不算好人吗？

让我们做一个思想实验（如果课堂时间足够，可以让学生讨论这个思想实验）。如果古格斯拿到了另一款隐形的戒指，这个戒指上的宝石在一天之中有半天是绿色的，另外半天则变成红色的。当宝石是绿色的时候别人看不见他，当宝石是红色的时候别人能看见他。于是古格斯只在宝石变绿的时候做坏事，等到宝石变红的时候就做好事。你觉得古格斯是好人吗？也许你会觉得他算不得什么好人，最多是一个俗人或凡人罢了。

现在，让我们将思想实验再推进一步。假如这个宝石的变化没有规律，难以预测。古格斯打定主意：只要宝石变绿了，我就做坏事。可是从戴上隐形的戒指到他去世的几十年里，宝石恰好只有一天是绿色的，在这一天里他抓紧时间做了几件坏事，但因为时间很短，所以危害不大。剩下的时间里，宝石一直是红色，古格斯也就做了无数件好事，为周围的人造福。那么古格斯是好人吗？如果这样还不是好人，让我们设想：这个宝石在他的生命中恰好每天都是红色的，因此他就做了一辈子好事，那么他仍然不是好人吗？这样一种结论似乎就同我们的直觉相反了。正如毛泽东所说的："一个人做点好事并不难，难的是一辈子做好事，不做坏事。"① 一辈子都做好事，从精神上说至少是难能可贵的；从结果来说，也是有利于社会、有利于人民的。

也许有学生会说：这个人之所以不是好人，是因为他这一辈子做好事都是装的，都是因为别人会看到所以才做的，是一种"表演"。问题在于，表演和现实真的是完全相反的吗？表演是否可能包含一些现实的成分呢？孟子曾说过这样一句话："尧舜，性之也。汤武，身之也。五霸，假之也。久假而不归，恶知其非有也。"在孟子看来，尧、舜这样的人天生就具有善良的天性。商汤、周武王这样的人通过长期身体力行地做好事而获得了善良的品格。齐桓公、晋文公这样的春秋霸主呢？他们的好品格是"借"来的——也就是说，他们本不善良，只是为了扮演好天下共主的角色，考虑到良好的道德表现会给自己带来利益，才长期坚持做好事。

表面上看，孟子借这句话批评了春秋五霸；可是孟子话锋一转，问我们：如果一个人借走一样东西长期不还，那么看起来就跟他真

① 出自毛泽东为无产阶级革命家、教育家吴玉章六十岁寿辰所致祝词。

正拥有没什么区别。例如，A 借了 B 的房子来住，可是一住就是一辈子，那么周围的邻居又有谁会关心这房子是借来的呢？大家都会认为房子就是属于 A 的。与之类似，当我们长期表演自己拥有一种好品质时，谁又知道我们不是真的拥有了这种品质呢？无论出于什么动机，要做出道德的行为，都需要我们具有道德认识、道德情感、道德意志等。春秋五霸也许是为了满足私欲、青史留名而做好事，但做好事的过程中依然会不断地锻炼和发展自己的道德认识、道德情感、道德意志，从而使他们形成做好事的习惯，做好事对他们而言会变得越来越容易，越来越自然。经过了一辈子的时间，这样的人与真正的好人之间也就不再有多少差别了。

哲理智慧

纯粹出于内心的自律而做好事确实是崇高的；不过即使是为了让他人看到而“表演”道德行为，也有可能“假戏真做”，逐渐成为真正的好人。

尽管世界上不存在“隐形的戒指”，这两节课关于隐形的戒指的各种讨论却可以带给我们各种哲学思考，这些思考都可以用在现实世界中。这也是哲学家运用思想实验的原因之一。

思想方法

想象一种很难实现或不可能实现的情况，可以帮助我们更深刻地理解现实中可能出现的情况。这样的方法称为思想实验。

四、哲思写作

如果课上有多余的时间，可以请学生以“当她 / 他戴上隐形的戒指”为题，自行想象一个人物（可以是真实的或虚构的）拥有隐形的戒指后所做的事，进行故事创作或剧本编写。如果课时充足，教师可以用 1 课时来让学生分组编排小话剧在班里演出。请学生自己用手头的材料（最好是回收利用的废弃物）把他们想象的“隐形的戒指”制作出来，作为表演的道具。

如果学生认真完成了，教师应将有创意的作品向其他学生展示并给予一定激励，可以将学生创作的故事（或剧本）连同他们设计的戒指一起在学校里展示。

第十章

这是椅子吗？（教案）

本课的问题情境由七个阶段构成，每个阶段都有值得讨论的问题，最后一个阶段安排了一次综合讨论。通过本课的讨论，我们不仅可以运用“本质”“属性”“偶性”等最基本的哲学概念来思考问题，还会明白同一事物对不同的人有不同的意义，每个人都可以自己给事物赋予新的意义。

本课适用于三到五年级，可用 2～3 课时完成。[①]

目标意识如表 10-1 所示。

表 10-1　目标意识

领域	目标意识
价值理念	• 一件有用的东西放在没有人使用的地方，就成了闲置物，甚至变成了垃圾。这就是为什么说“垃圾只不过是放错了位置的资源”，大部分废弃物都有回收利用的可能

① 本课的刺激物取材自沃利的儿童哲学教材《帮助孩子发展思维》（*The if machine*：*philosophical enquiry in the classroom*）中的第一个案例《椅子》（*The Chair*），根据中国儿童的理解特点和提问趋向进行了较大的改编，新增了一些问题，并提供了丰富的哲学解读。本课由曹剑波、林杰、张馨予、李赫、雷歌改编，黄睿撰写哲学解读。刺激物原版参见 WORLEY P. The if machine：philosophical enquiry in the classroom［M］. London & New York：Continuum，2011：49-56. 中译版参见彼得·沃利．帮助孩子发展思维［M］．李爱军，译．北京：中国人民大学出版社，2016：59-68.

续表

领域	目标意识
思想方法	● 在研究哲学问题时，可以运用每个人的直觉来作为证据
哲理智慧	● 不同的认识者对“这是什么”的问题可能有不同的判断，而且这些判断在各自的语境下都可能是正确的 ● 同一事物对不同的人有不同的意义，我们也可以自己给事物赋予新的意义 ● 符合椅子的本质属性的才是椅子，但椅子除了有本质属性，还可以有许多偶然属性。偶然属性使世界丰富多彩

第一阶段　被小狗用来纳凉的椅子①

一、问题情境

教师指着屏幕上一把椅子的图片（在这节课全程，都需要将这幅图显示在屏幕的一角），问大家：“这是什么？”

一般来说，学生会异口同声地说这是椅子。这时教师可以保持指着椅子的动作，再问问有没有其他答案。经过短暂的沉默，学生可能回答木头、木制品、家具、物品、坚硬的东西等。还可能有学生说，老师指着的是椅背、椅子的颜色、木头、屏幕、一幅图片、屏幕上的一个点、墙壁等。这些答案虽然俏皮，但某种意义上都言之成理，教师都可以予以鼓励。

接着，教师读小场景 1：

请大家想象一片空旷的草地，草地上有这样一个东西

① 本课各阶段的标题仅供教师梳理探究流程，请勿在课堂上展示这些标题。因为，标题中出现的“椅子”二字可能限制学生的思维，使学生认为图片中的物品一定是椅子。

（指图片）。一个人走过来，坐在上面晒太阳，过了一会儿起身走了。一只小狗跑过来，趴在下面纳凉，过了一会儿又跑开了。

教师提问：[①]

（1）这个东西是什么？

（2）既然小狗在椅子底下纳凉，那可不可以说椅子是凉亭？

本阶段讨论约需 10 分钟。学生讨论的过程中，教师在黑板上画好思维导图。思维导图的格式请参阅本章结尾的综合讨论环节。

二、哲学解读

大哲学家维特根斯坦曾经问道：当我们指着一个物体，向别人解释这是什么的时候，我们究竟指着物体的什么呢？这种指着东西向别人解释名字的做法，被维特根斯坦命名为指物识字法（ostensive definition，也译作指物定义）。当我们指着一把白色木头椅子的图片时，我们想说的既可能是“这是椅子”，也可能是“这是木头做的”，还可能是“这是白色的”，甚至“这是一幅图片”。维特根斯坦发现，在指物识字的过程中，我们很难找到一种不会产生歧义的指物方式。[②] 例如，有没有一种方式能让别人知道我指的是椅子的材料？有没有另一种方式能让别人知道我指的是椅子的颜色？类似地，如果指着一块显示屏，我们就更难分辨到底是指屏幕还是

① 以下每阶段均有 2~3 个问题，请等待学生充分回答一个问题后，再呈现下一个问题。如果上一个问题的讨论中已经充分体现了下一个问题的内容，也可以不提下一个问题，直接进入下一阶段。在每一阶段，建议先进行 1 分钟小组讨论，然后随机抽取 2~3 个组发言，最后全班自由发言。

② 维特根斯坦．哲学研究［M］．陈嘉映，译．北京：商务印书馆，2016：19-25.

指屏幕上的东西。因此，教师指着屏幕上椅子的图片时，学生自然可以给出各种各样的回答，如“是木头”“是图片”“是屏幕”等。这个环节除了起到活跃课堂气氛的目的，还可以让学生直观地感受到这种指物识字法的歧义性。

另外，也可能有学生回答“是家具”“是物品”“是人造物”“是东西”等。这些回答之所以正确，是因为这样一个原理：如果“椅子是家具”，那么我们就可以由“这是椅子”推出“这是家具”。在生活中，我们还能想到类似的例子吗？例如，从“小华是个五年级的女生”可以推出什么？我们可以推出小华是小学生，是女性，是人，是动物，是生物，等等。但如果有学生说可以推出小华喜欢粉红色，喜欢玩布娃娃，喜欢跳舞之类的，我们可以追问：女生一定喜欢粉红色、布娃娃、跳舞吗？只有“前一个说法成立的时候，后一个说法一定成立”，才叫作“可以从前一个说法推出后一个说法”。因此这一类答案是不必然成立的。

接着，当我们追问椅子是不是凉亭的时候，学生可能认为它“不是”，也可能认为它“对人来说是椅子，对狗来说是凉亭”。前一种回答的依据可能五花八门，例如“它被造出来就是当椅子用的”“对大部分人来说（大部分时候）它是椅子”“狗没有语言，人才会给它起名字”“椅子的样子不像凉亭”等。这些回答教师只需记录下来即可，后面的讨论中再逐渐加以检验。对于后一种回答，教师则可以指出：不同的认识者对“这是什么”的问题可能有不同的判断，而且这些判断在各自的语境下都可能是正确的。[①] 因此，学生

① 更加精确的说法是，知识的归因受谁是归因主体（attributor）的影响。参见曹剑波，张立英．知识论语境主义对怀疑主义难题的解答［J］．厦门大学学报：哲学社会科学版，2007（3）：19-26.

很好地考虑到了不同的认识者会有不同的观点。

哲理智慧
不同的认识者对“这是什么”的问题可能有不同的判断，而且这些判断在各自的语境下都可能是正确的。

第二阶段　外星人眼中的椅子

一、问题情境

教师读小场景 2：

半夜，有一艘飞船降落，走出来几个来自 X 星球的外星人。我们称他们为 X 星人。X 星人将这个东西（指着图片）搬到飞船上之后便飞走了。他们在飞船里好奇地围观这个东西，但一直看不懂它是什么。

教师提问：

（1）这时，它是什么？

（2）如果 X 星人不知道它的用途，那它对于 X 星人来说是什么？

（3）如果你是 X 星人，除了认为它是椅子，还可能认为它是什么？

二、哲学解读

在这一阶段，学生可能认为它“仍是椅子”，也可能回答“什么也不是”“是研究对象”“是不明物体”之类。前一种观点的理由可能是，X 星人一旦研究清楚了，就会认为它是椅子。但是，X 星人一定会认为它是椅子吗？请学生充分发挥自己的创造力想一想第三个问题：椅子有没有可能被认为有别的用途？一个东西只能有一种用途吗？我们能不能自己给一样东西“发明”一个用途？如果学生缺乏思路，教师可以提示：椅子在生活中还用来做什么？学生可能会想到：当作梯子用于爬高，用来放穿过的衣服，用来放书包，坏人要闯入的话可以用来挡门，等等。尽量鼓励学生有独特的、有趣的想法，而不必考虑所想的是不是一种常见的、符合规范的用途。本阶段主要为后面做铺垫，将回答记录下来即可，不需要深究。

哲理智慧
同一事物对不同的人有不同的意义，我们也可以自己给事物赋予新的意义。

第三阶段　被当作帽子的椅子

一、问题情境

教师读小场景 3：

那些 X 星人与人类长得相似，只是脑袋巨大。他们发现这个东西（指着图片）刚好适合自己的脑袋，于是猜想它一定是帽子。他们把这东西往头上一戴，发现既帅气又通风，还很坚固，可以保护脑袋。回到 X 星球后，其他 X 星人对这顶新奇的帽子也很感兴趣，于是他们开始大量生产这种“帽子”。

教师提问：

（1）这时，它是什么？

（2）假如 X 星人在生产的时候为了美观进行了一些改造，把这个东西变得五颜六色，上面挂满了装饰品，那么它还是椅子吗？

二、哲学解读

本阶段，学生可能在它是椅子或是帽子之间犹豫，教学重点是反复邀请学生论证背后的理由。对于始终坚持它仍是椅子而不是帽子的学生，如果其他学生找不到有力的反驳，教师可以追问：如果人类看到一个X星人戴着这顶“椅子”，那么人类可以坐上去吗？我们可以用通常对待椅子的方式对待他们的帽子吗？对于坚持它已经成了帽子而不是椅子的学生，教师可以追问：如果有个地球人走了很久的路，腿特别酸，发现路边有被X星人遗忘的这种“帽子”，难道他不可以坐上去吗？

上述讨论中可能会出现对椅子和帽子功能的强调，如“椅子就是给人坐的”“帽子就是给人戴的”“能保护头部的就是帽子”等。对这类论述教师应重点记录下来，并在旁边写上“功能”二字，来帮助学生进行抽象概括。

对于第二个问题，有的学生可能会觉得，椅子是用来坐的，无论怎样装饰，只要不影响坐的功能，就仍然是椅子；但反过来也可以说，帽子也是头部的装饰品，对这个东西进行这么多装饰，就证明它确实是帽子。

也许还有人会觉得，同一个东西如果既有椅子的功能也有帽子的功能，就既是椅子又是帽子。对此，教师可以让学生回忆第一阶段的情节并追问：既然椅子对于狗还有遮阳的功能，它是否同时是凉亭？一件东西是否能同时是好多东西？学生无论持什么观点，只要能举生活中的实例清晰地论证即可。

第四阶段　博物馆里的椅子

一、问题情境

教师读小场景 4：

很多年过去了，地球上的椅子不断更新换代，已经可以悬浮在空中，不需要腿了。过去那些有腿的椅子，有很多都被当作垃圾处理了，只有少数放在博物馆里供历史学家研究，但历史学家已经不把它们叫作椅子，而叫作“古代坐具”。至于普通的地球人，大都不知道过去的椅子是有腿的。有一天，地球的航天员飞到 X 星，与 X 星人进行了友好的会谈。临别之际，X 星人精心准备了一件礼物——该星球非常时髦的一顶帽子（指着图片）——送给地球人。地球人拆开包装一看，觉得和地球上的椅子有点像，但是多了四条腿。地球人开心地将这个礼物带回来展览，下面贴着标签——“X 星人的帽子”。

教师提问：

（1）这时，它是什么？

（2）如果一把椅子和地球上所有的椅子长得都不一样，它还能叫椅子吗？

二、哲学解读

在引导这个阶段的讨论时，教师可能需要强调地球人已经不再把这种有腿的东西叫作椅子了。因此，可能会引出两种哲学观点的交锋：

第一种，认为“椅子”这个词与现实中的物体相对应。只要这个物体曾经是椅子，而且这个物体本身没变，那它就永远是椅子，而不论现在世上的人们怎样用“椅子”这个词。这种观点把语言看作是贴在物体上的标签，会永远跟随着原来的物体。

第二种，认为“椅子”这个词的定义仅属于使用这个词的人。由于这个词是地球的语言，如果地球人已经不再把它叫作“椅子”，那它就不是椅子了。这种观点把语言看作人类的工具，可以非常灵活地运用。

维特根斯坦认为，要把“名字的载体”（the bearer of the name）和“名字的意义”（the meaning of a name）区别开来。[①] 上述第一种观点实际上认为，人们说一个名字的时候，指的是现实中跟它对应的那个东西，即载体。这种观点会遇到一个很大的麻烦：例如，“李白”这个名字指的是唐朝的著名诗人，但现在的世界上已经不存在李白这个人了，这个名字照理应该失去意义才对。可是，现在人们仍然会经常使用这个词。后一种观点规避了这个麻烦，但又会令人觉得词的意义太不稳定：一旦使用语言的人改变了语言的用法，一个原本“是椅子”的东西虽然本身没有发生变化，却变得“不是椅子”了。当然，学生的讨论不需要达到这个深度，只要他们在论辩中感受到两种观点各有合理性即可。

第五阶段　被遗忘的椅子

一、问题情境

教师读小场景 5：

让我们把视角再拉回 X 星球。有一天，当年从地球带回的这件东西（指椅子）的原件被太空小偷偷走了。X 星

① 维特根斯坦．哲学研究［M］．陈嘉映，译．北京：商务印书馆，2016：27–29.

球警察开着飞船去拦截小偷。经过一番激战，小偷的飞船被击毁了。这件东西与其他许多废弃物一起从飞船中飞出来，掉落在一颗小行星上。小行星上既没有地球人，也没有别的生命。这件东西许多年来都静静地躺在那里。

教师提问：

（1）没有地球人和X星人在看着它和使用它的时候，它是什么？

（2）假如小行星上有一块天然形成的石头，形状恰好跟椅子非常像，就摆在椅子的旁边。那么，这块石头是不是椅子？为什么？

二、哲学解读

对于第一个问题，会有一些学生认为椅子已经成为太空垃圾、废弃物等。可能也有学生认为它仍是椅子，因为“一旦有人想要用它，它还是可以当椅子用”。对此，教师可以追问：一样东西变为垃圾是因为什么？有些学生会说是因为用完了、坏了或脏了。但也会有学生想到：有些垃圾其实仍有使用价值，只是主人自己恰好用不上就丢弃了；还有一些垃圾，经过清洗、改造，有再利用的价值。

在此可以以食物为例来思考。根据联合国的报告，截至2020年，全世界9.9%的人正在经历饥荒。这并非因为食物生产总量不够。相反，全世界每年有近三分之一的食物被浪费。比如，那些形状比较奇特、外表有瑕疵但不影响食用的蔬菜、水果，就经常卖不出去，最后被丢弃。这样的“丑蔬果”是食物还是垃圾？世界各地都有不少社会企业或公益组织致力于将“丑蔬果”制成果酱、沙拉、咖喱酱等产品，或者做成熟食赠送给社区中有需要的人们。如果没有这样的努力，这些“丑蔬果”就成了垃圾，无法发挥它们的营养价值了。但只要我们投入一些心思和时间，它们就能转化成有用的物品，被送到有需要的人手上。

价值理念
一件有用的东西放在没有人使用的地方，就成了闲置物，甚至变成了垃圾。这就是为什么说“垃圾只不过是放错了位置的资源”，大部分废弃物都有回收利用的可能。

第二个问题重点思考自然物和人造物的差别。一种观点认为，无论是不是人造的，只要能坐的都是椅子。对此，教师可以追问：如果坐在石头上，那么石头是椅子吗？如果坐在地上，那么地是椅子吗？不难发现，大地是椅子的说法，好像不太符合我们的直觉；但石头是椅子的说法，则好像易于接受。差别在哪里？一个可能的解释是，我们坐在地上和坐在椅子上时，姿势是不同的：坐在地上需要盘腿或跪坐，膝盖不那么舒服；而坐在比地面高的地方，膝关节可以自然地屈伸，使我们坐得更舒服。椅子正是为了让我们不必坐在地上而发明的。天然石头或台阶也能让我们像坐椅子一样坐着，所以，说它们是椅子似乎更符合我们的直觉。在刚才的探究中，我们运用了普通人的直觉，这是哲学上常用的一种方法。哲学家的工作之一，就是尝试说明为什么人们普遍具有这样那样的直觉。

思想方法
在研究哲学问题时，可以运用每个人的直觉来作为证据。

另一种观点认为，椅子是人造的家具，天然物即使拥有了椅子

的形状和用途，也永远不可能成为椅子。对此，教师可以追问：如果一块天然的石头长得非常像椅子，只是有一个很小很小的地方需要雕琢一下，人类把它雕琢了一下，然后拿回家作为家具使用了，那么这块石头是椅子吗？若学生回答“不是”，教师可以追问：如果有两个地方需要雕琢呢？三个呢？公园里摆放的石头椅子（天然石头经过雕琢制成的）是椅子吗？一般来说，人们会承认公园里的石头椅子是椅子，那么一块石头从“不是椅子”到“是椅子”的界限在哪里呢？

如果雕琢与否并不是区分椅子和非椅子的标准，我们就可以从别的角度再加以思考。《庄子·列御寇》中有这样一个故事：庄子快要死了，弟子们希望能厚葬老师，给老师买最高级的棺材。庄子却说：“不必，我已经有棺材了，天空和大地就是我的棺材。”一般情况下，我们不会说天空和大地是棺材。但是，棺材的作用是让死者安然地在地下长眠。庄子对生死看得很淡，觉得死亡不过是自己的身体重新和世界融为一体。腐化的身体被小动物吃掉，正好能成为动物的养分，再次参与生生不息的生命循环。因此对他而言，即使没有棺材，直接将身体埋在地里也一样能安然地长眠。因此，虽然天和地不是一般意义上的棺材，但在比喻的意义上，天和地就相当于他的棺材，起到了让他安息的作用。

类似地，我们走累了，在一块石头上坐一会儿歇脚，虽然这块石头并不是真正的椅子，但我们可以在比喻的意义上说“这块石头是我的椅子”。我们躺在草地上看星星，可以在比喻的意义上说“这块草地是我的床”“天空是一块巨型的屏幕”等。这都是我们在日常的意义之外，赋予事物的新意义。正是由于人类能赋予每一事物以独特的意义，才使得大自然对于人类而言具有了诗意。

第六阶段　有标签的椅子

一、问题情境

教师读小场景 6：

在这个东西（指着图片）的整个旅途中，人们都没有注意到，其实它的底部有一个标签，上面印着地球上的生产日期，还有两个大字——“椅子”。

教师提问：

（1）这是否意味着它始终都是一把椅子？

（2）如果出厂的时候地球人贴错了标签，把写着“帽子”的标签贴在上面了，那么，它是帽子吗？

二、哲学解读

本阶段主要反思标签与事物本质的关系。对于第一个问题，也许有些学生会主张，我们应该根据标签将其始终视为椅子。但第二个问题可以引起大家的反思。学生不难指出，在第二个问题的情境下，我们不应该称它为“帽子”，因为标签“贴错了”。那么，我们判断标签贴对贴错的标准是什么？我们究竟是根据事物的标签来判断它是什么，还是根据它是什么来给它贴标签？如果是后者，那么我们仍然要回答一个问题：我们究竟能根据什么来判断它是不是椅子？

第七阶段　综合讨论

一、问题情境

前面六个阶段的讨论基本要用 1 课时，本阶段综合讨论则可作为第 2 课时的内容。如果第 1 课时没有完成前面六个阶段，第 2 课时可以先较快地完成，然后开始综合讨论。

屏幕显示图 10−1（如果讨论时教师亲手绘制就更好了）：

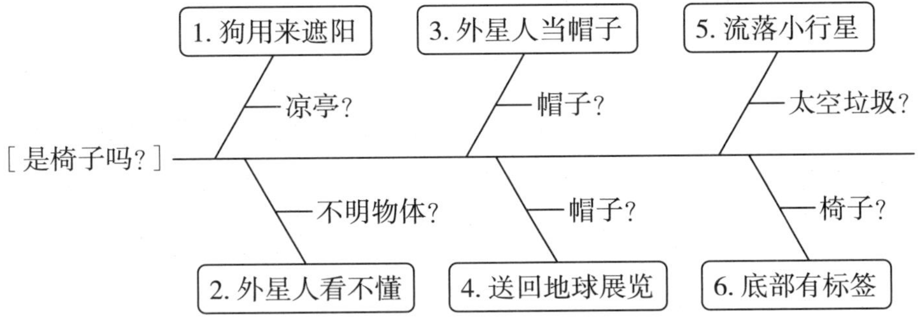

图 10−1　“这是椅子吗”探究思维导图

教师带学生简单回忆一下六个阶段的讨论，提问：

（1）你觉得这个东西自始至终都是椅子吗？它发生过变化吗？

（2）一个东西是什么就永远是什么吗？它有没有可能从一种东西变成另一种东西呢？

用 5 分钟左右完成上面两个问题的讨论，然后教师在黑板中间画一个圈，在圈中写上“椅子”（如果椅子不再能引起兴趣了，可以换成一个学生感兴趣的物品），然后询问学生：

（1）椅子发生什么样的变化后，会变得不是椅子呢？

（2）椅子发生什么样的变化后，仍然是椅子呢？

如果学生思路打不开，教师可以适度以提问方式提示。例如：“把四条腿锯掉一条，还是椅子吗？锯掉两条呢？”“金子做的椅子是椅子吗？”“2 米高 2 米宽的椅子是椅子吗？”“把椅子拿到月亮上，它还是椅子吗？”“用纸折的椅子是椅子吗？”“工人师傅修理电灯时专门用来踩在脚下的椅子，还是椅子吗？”……

每当学生提出一种变化的例子，教师就记在圆圈周围，并根据学生的意见用另一种颜色的笔在旁边打钩（√）或打叉（×），以表示它“仍是椅子”或“不再是椅子了”。学生若有争议，教师可以允许大家围绕“这种情况下它仍然是椅子吗”进行讨论。如果最后有较为一致的结果，就记录在黑板上；如果不能取得共识，就打个问号。

离下课还有 10 分钟左右时，教师可请大家停止发言，用另一种颜色的笔在每一条记录的旁边用抽象概念写出事物的哪一方面性质发生了变化。例如，把椅子拿到月亮上是位置变化，改变椅子颜色是外表变化。与此同时，学生就以下问题进行探究：

（1）椅子的什么性质发生变化时，椅子还是椅子？

（2）椅子的什么性质发生变化时，椅子不再是椅子了？

例如：四条腿的椅子少了一条腿，如果还能勉强保持稳定，那就还能坐人，只是不那么安全了；一旦少了两条腿，由于根本不能保持稳定，就不能再坐人了，这时它就成了烂椅子，只能当垃圾处理了。如果椅子上增加了许多刺，由于它不再能坐人，似乎也很难说是椅子了[①]——如果校长找一家厂商为学校订购椅子，结果送来的椅子全都长着刺，我们肯定会要这家厂商重做或赔偿。还有一些变化令人比较难判断，例如，用冰砌成的椅子，放在冬季的黑龙江就是一把合适的椅子，放在夏季的厦门就很难说是椅子。在这一阶段，教师可鼓励学生对黑板上的各种证据进行总结，用比较抽象的语言来概括“什么使一把椅子成为一把椅子”。

最后完成的圆圈图可能如图 10–2 所示。

① 也许可以视为有特殊功能的椅子，如“刑椅”，但至少不能视为普通的椅子。

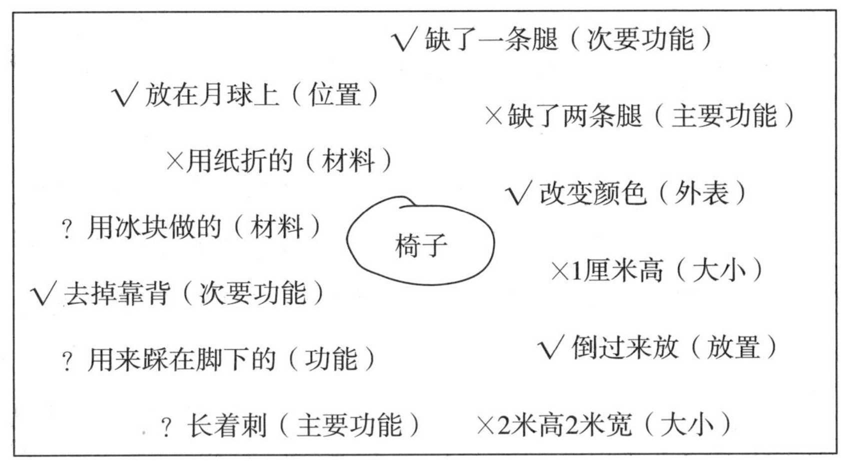

图 10–2　讨论结果

二、哲学解读

亚里士多德将我们对事物之所“是”的描述，区分为本质（essential）属性和偶性（accidental）属性。[①] 简而言之，椅子的本质属性就是“如果不这样，椅子就不是椅子了”的那些性质。我们之所以认为少了两条腿的椅子一定不是椅子，并不是因为腿太少（办公室常见的带轮子的电脑椅只有一条腿，但不失为很好的椅子），而是因为四条腿的椅子去掉任意两条腿后，在力学上都不能保持稳定，而一把不能保持稳定的椅子是没办法让人舒服地坐在上面的。因此，椅子的本质属性可以大致规定为“使人类能较舒服地坐下，且带有靠背的家具”。[②]

相比之下，偶然属性指的是“即使不这样，椅子也还是椅子”

① 关于亚里士多德“本质”和“偶性”概念的一个较细致的讨论，见聂敏里．亚里士多德论偶性［J］．云南大学学报：社会科学版，2015，14（4）：12–22，111.

② 这一定义仅供参考。师生在讨论中，可能会得出比这更完备、更精确的定义。除了运用本质属性，还可以用原型（prototype）、家族相似性（family resemblance）等方式来界定一个概念。

的那些性质。让我们想象一把世界上最丑陋的椅子[①]，虽然丑陋无比，但它还是能坐的，因此它仍然是椅子。丑陋和美丽不是椅子的本质，所以丑陋的椅子仍是椅子。

如果还有时间，我们可以追问：对于一样东西来说，偶然属性是否不重要呢？椅子一定要能坐，但椅子只需要能坐就够了吗？让我们一起检查一下教室里和家中的各种椅子。这些椅子除了能坐，还有什么特点？学生可能会想到美观、健康（保护腰背）、安全、奢侈（体现拥有者的财力）等。正是由于事物具有偶然属性，世界才如此丰富多彩，使天下有各种不一样的椅子。再以人类为例，一个平庸无聊的人、一个作恶多端的人、一个受人景仰的人、一个遗臭万年的人，他们都是人，都符合人的本质，却有完全不同的生命意义。事物的意义并不限于其本质。

哲理智慧

符合椅子的本质属性的才是椅子，但椅子除了有本质属性，还可以有许多偶然属性。偶然属性使世界丰富多彩。

最后，我们可以问：为什么在本节课的故事中，椅子又可以成为 X 星人的帽子或小狗的凉亭呢？其实，这正是因为一样东西可能符合多种事物的本质属性。假如椅子符合 X 星人的帽子的本质（足够大，可以遮盖头部，等等），它就可以是 X 星人的帽子。假如它符合武器的本质（能造成伤害），那就可以当作武器来用。正如哲学家索克尔所说：当我们还是孩子时，我们可能会像骑马一样骑着椅子跑。如果没有桌子，那么我们可以把盘子放在椅子上。椅子还可

① 可以请比较好动、难以安静听课的学生负责在纸上画一把世界上最丑的椅子供大家参考，其他学生在此期间继续讨论。

用作锻炼时的支撑物，或者是酒吧斗殴时的有效武器……事物可被赋予不同意义，我们是在跟事物的意义而非事物本身打交道。这使得我们能够了解儿童的游戏、事物的诗意和象征用途，以及戏剧和宗教的象征手法——无论在哪里，日常事物都可以被用来表示不寻常之物，以获得不同于它原来的意义。[①]

三、哲思写作

如果课上有多余的时间，教师可以请感兴趣的学生就以下题目进行想象和写作，也可以将其作为课后自愿完成的活动来布置。

> 模仿综合讨论环节，每个人拿出一张纸，自选一件物品（教师可以举一些物品为例供学生参考）画在纸张中间，然后思考下面两个问题并画成像黑板上那样的圆圈图。
>
> （1）×× 发生什么样的变化后，会变得不是 ×× 呢？
>
> （2）×× 发生什么样的变化后，仍然是 ×× 呢？

① 扬·索克尔．小哲学：如何思考普通的事物［M］.何文忠，竺琦玫，译．北京：北京大学出版社，2018：24–25.

第十一章

要以德报怨吗？
——“钟离牧让稻”的故事（课例）

本课是以《三国志》中的“钟离牧让稻”故事为刺激物，面向40名五年级学生开展的一次60分钟的儿童哲学探究。[①] 教师首先运用提问工具引导学生针对故事自主提问，每个组探究并汇报了本组提出的问题。随后全班针对教师提出的3个哲学问题展开论辩，产生了许多妙趣横生的观点。最后，教师用《论语》中孔子的“以直报怨”观点和朱熹对这句话的诠释来总结这节课，体现了儿童哲学与中华优秀传统文化的融合统一。本节课上课前，教师随机将40名学生分为10个小组，每组4人。课堂上，学生已按预先分好的小组就座。

第一环节　自我介绍与规则商讨

教师：我先向大家自我介绍一下，我叫黄睿，我很喜欢跟同学们讨论哲学问题，你们可以喊我大黄老师。下课的时候你们也

---

① 本课由黄睿设计并执教，曹剑波指导。这里呈现的是2023年3月在成都金苹果公学面向五年级学生授课的记录，由刘培怡、合斯来提、朱竟榕根据录像逐字整理，黄睿撰写教学反思；收入本书时，对师生发言中的部分口头禅、语病、口误进行了不改变原意的修改。学生姓名以“S1”“S2”等编号替代，其中数字代表在本节课上发言的顺序，数字相同的说明是同一个学生多次发言。

可以只喊我大黄，但是上课的时候就不要这么喊啦，免得被你们老师听到。①

学生:（忍俊不禁，笑）

约定课堂规则

- 等我说“开始！”再讨论。
- 讨论结束的暗号：3、2、1，请安静！
- 我需要一位主持人来帮助我点人发言，他叫……
- 当有多个人举手的时候，主持人会先点谁？
- 我的耳朵有个怪病，没举手的同学说的话我听不见。
- 安静地举手，等主持人点到再发言。

教师：我先说一下今天的课堂规则。我们来约定一下。第一条，等一下我们会有很多的小组讨论环节，我可能会和大家说“你们要怎么样讨论”“你们要讨论什么”。有些同学会比较心急，在我刚说要求的时候，就开始讨论了。所以我会在说完要求之后说“开始！”，你们等我说“开始！”之后再讨论，好不好？

学生:（点头）好。

教师：第二条，讨论的时候如果需要你们静下来的话，我会有一个暗号，我会用手比3、2、1（大声说“3、2、1”，每个数字相隔一两秒，同时高举一只手做出相应手势）。② 如果你们看到了我

① 为了拉近与学生的距离，教师特意为自己设置了一个昵称。这样一个玩笑，可以让学生放松情绪，更加自如地表达自己的观点。

② 这是一种常用的结束小组讨论、使课堂恢复安静的信号系统。在教师发出信号后，学生需要一段时间来注意到这个信号，把最后一句话说完并提醒同伴安静下来。如果教师用大喊“安静！”的方式来传达信号，一旦学生无法立即安静下来，对教师的课堂管理权威就有很大的影响，学生也会形成一种“即使老师喊了，我们也可以再讲一会儿”的不良习惯。相比之下，“3、2、1”信号系统可以给学生足够的时间来反应，同时也给了学生不断进步的空间——经过一段时间的训练，学生可以在喊到“2”或“3”时就安静下来，这时教师就可以给予充分的表扬。

比“3”，你们就提醒一下旁边的同学“讨论结束了，安静下来”，可以吗？

学生：（点头，齐声说）可以。

教师：第三条，我需要一位主持人。我不认识你们，点不出每个人的名字，可是你们之间互相认识，对不对？有谁自信能够喊出全班同学名字的，举个手来帮帮我，好不好？有没有人愿意当这个主持人来帮我？①

学生：（左顾右盼，有几个人试探性地举起了手）

教师：好，你第一个举手……你叫什么名字啊？

（其他学生纷纷看向这边）

主持人：（回答自己的名字）

教师：（重复一遍主持人的名字）我采访一下你，如果等一下有多个同学都举手发言了，你会先把机会给谁啊？

主持人：我会点……举手最快的人。

教师：好。那假如说有个同学已经发言过好几次了，另一个同学还没有发言过，你会点谁？

主持人：还没有发言过的同学。

教师：嗯，（半开玩笑地）那如果你的好朋友和你最讨厌的人一起举手了，你选谁？

学生：（笑得很开心）

---

① 其实，即使教师熟知所有学生的名字，也可以安排一个学生担任主持人（人选每节课轮换），这样可以将教师从点名、传递发言球等工作中解放出来，从而专心记录学生的讨论结果，思考如何促进探究。

主持人:（思考了两秒）要从多个方面来看待……[①]

教师:（笑）那看来你不会以怨报怨——我们等一下会探讨这个问题。（转而面向全体学生）好，既然我们请了一位主持人，就请大家注意，任何时候要发言的话，先举手。我们的主持人点到你之后，你再发言。我的耳朵有一个“怪病”，你要是没有举手就发言，我是听不见的。（切换课件）

学生:（看向课件）

教师：好，我有一个学习单要发给大家。请大家注意，1～5 组各派一个人到这个位置来拿学习单。我已经帮大家叠好了，每一沓是 4 个人的，所以过来直接拿一沓回去发就可以了，（拿起一沓示意）明白吗？（移动位置）6～10 组也各派一个人到这边来，也是直接拿一沓，好不好？[②]

学生:（各组代表上台领学习单并快速有序下发，其余学生安静就座）

教师：好，拿到后，先写班级、姓名。

学生:（窸窸窣窣拿文具，写班级、姓名）

教师：大家一边写班级、姓名，我一边来告诉大家一个神秘代号。大家注意，在学习单上，你的姓名右边已经写上了英文字母 A、B、C 或 D。这个不是你的成绩，拿到 D 的同学也不要哭哦。这是

---

① 一开始设计这堂课的时候，教师本想直接告知主持人要遵循三大原则：一、优先选择最快举手的同学；二、尽量照顾平时发言少的同学；三、不能因个人关系的亲疏而影响机会分配的公平性。后来考虑到儿童哲学以儿童为中心的精神，教师便改用提问的方式。事实证明，所提的三个问题能有效地让主持人自己意识到上述三个原则，同时也进一步活跃了课堂气氛。

② 在课堂上，发放学习单这样的环节中，学生若无事可做，往往导致纪律迅速混乱。为了减少发放学习单所花的时间，教师预先将学习单分成几沓，并让每个组的代表到指定位置领取。

你们等一下在活动中的代号。请大家记清楚自己是 A、B、C 还是 D。好，现在用 10 秒钟时间，每个人记一下自己的代号。

学生:（小声重复代号）

教师：记住了吗？

学生：记住了。

教师：那我测试一下好不好？如果你是 C，请举手！

学生:（对应的学生或犹豫或果断地举起了手）

教师：好，都举了，放下。每个组的 A 同学请举手！

学生:（对应的学生迅速举起了手）

教师：好，谢谢。每个组的 D 同学请……站起来（笑）。

学生:（对应的学生放下刚刚举起的手，或快或慢地站了起来）

教师：好，谢谢你们，坐下。等一下这 4 个同学都会承担一定的工作。请大家等一下按照我的指令分别承担相应的工作。

第二环节　呈现刺激物

教师：接下来我们就开始讲今天的故事。这个故事我也印在了你们的学习单上，你们现在可以先看屏幕，等一下如果你忘记了故事的内容，还可以用学习单去回顾。这个故事分成 4 个场景。第一幕是非常美丽的江南稻田。

学生:（都转头开始看屏幕上呈现的故事译文）①

① 这个故事原文的阅读难度比较大，因此教师将其译为现代文后再呈现给学生，并且在讲解故事的时候采用了一些夸张的、有趣的、生活化的翻译方式来帮助学生理解。面向古文素养较高的对象进行授课时，可以不用译文而直接使用原文作为刺激物。

“钟离牧让稻”故事原文

钟离牧字子幹，会稽山阴人，汉鲁相意七世孙也。少爰居永兴，躬自垦田，种稻二十余亩。临熟，县民有识认之。牧曰：“本以田荒，故垦之耳。”遂以稻与县人。县长闻之，召民系狱，欲绳以法，牧为之请。长曰：“君慕承宫，自行义事，仆为民主，当以法率下，何得寝公宪而从君邪？”牧曰：“此是郡界，缘君意顾，故来暂住。今以少稻而杀此民，何心复留？”遂出装，还山阴。长自往止之，为释系民。民惭惧，率妻子舂所取稻得六十斛米，送还牧，牧闭门不受。民输置道旁，莫有取者。牧由此发名。

教师：这个故事发生在你们很喜欢的三国时代。在三国时代的吴国有一个人叫作钟离牧，他年轻的时候从外地搬到了永兴县——永兴就在今天的浙江杭州的萧山区一带。他的父亲是东吴的一位将军，家里有钱有势。但是他很喜欢劳动哦。他亲自耕田，种了二十几亩[①]水稻。当然，他是从外地搬来的，他看到有一块地没有人种，就去那边种。那块地已经荒了很久了，看起来好像不属于任何人。可是，稻子要成熟的时候，突然就有一个本地人冒出来说：（语气生动起来）“哎，你怎么在我家的地里种稻子呀？你不知道这块地是我家的吗？既然你帮我种了，我就不客气了，这些稻子我都收割了啊！”钟离牧听了没有生气，笑着说：“我只是看着这块地荒着没有人种，就把它开垦来种而已。现在你既然来了，就把稻子收走吧！”于是那个本地人把地里的稻谷全部收割，搬回了家。

学生：（饶有兴味地看着屏幕，随教师的讲解有所反应）

① 亩，中国市制面积单位。1 亩所代表的实际面积在不同历史时期略有不同，现代的 1 亩约等于 666.67 平方米。

教师：第二幕，当地的县衙门口。县长听说了这件事，把那个本地人抓来关在了牢里面，因为他认为这个本地人侵占了别人的东西，拿走了别人的稻谷，所以准备依法惩罚他。钟离牧竟然过去帮这个本地人说情！县长说：“你喜欢以德报怨是你的事，但我是本地属官，我要引导老百姓去遵守法律，我不能因为你来求情了，就破坏国家的法律。”钟离牧说：“这里是你的地盘，因为你非常照顾我，所以我才过来暂时住一住。现在你居然为了这点儿稻谷，就要杀这个人，我哪有心情继续住下去？”于是钟离牧就转头回到了他的家。

第三幕，钟离牧的家。钟离牧回到家，收拾了行李，就准备搬回老家了。这个时候县长就着急了，为什么着急呢？看他说的话就知道了。他亲自去钟离牧家里劝，说：“先生，你父亲在朝廷里当大官，假如他老人家知道我害你搬走了，我这官还怎么当？”钟离牧说：“那你把这个本地人放了。你放了他，我就不搬走，否则我一定会搬走。”为了让钟离牧留下来，县长只好把那个强占稻谷的人给放了。

第四幕，这个人被放出来之后既惭愧又害怕。他想：我对你做了这么不好的事情，你居然还帮我说情，把我放出来了。于是他带着老婆孩子，把他收来的六十斛[①]稻谷磨成白米，送回去给钟离牧。钟离牧把家门关上不肯接受。那个人说：“你不接受，那我把米放在路边。”可钟离牧一直都不去拿。从此以后，钟离牧就出了名。后来，他成长为吴国的名将。

---

① 斛，中国古代量器名及容量单位，所代表的实际容量在不同历史时期略有不同。

第三环节　学生以头脑风暴的方式自主提问

教师：我们接下来的任务是要针对这个故事探讨一些问题，这些问题由你们自己提。等一下请大家利用学习单来提问题。我先讲一下我的要求。

根据学习单的提示，尽可能多地提出问题
● 提问题的目的是找到一些有趣的问题供大家讨论。 ● 你不知道答案的问题也可以提！ ● 鼓励大家提大问题！ ● 问题没有对错之分，老师绝不会批评你的提问。 ● 唯一的要求：你提的问题需要跟故事有关。 ● 请将你想提的问题写在学习单上，“神秘盒子”部分暂且不写。 ● 请安静书写，不偷看别人写的。 ● 时间：3 分钟。 ● 开始！

第一，你会提很多问题对不对？等一下我们会进行选择，每个组选出一个问题来讨论——所以呢，请大家尽量提那些你很想讨论的问题，说不定就被选上了！

第二，有些同学会说：“哎呀，这个问题提出来后自己不知道怎么答，那怎么办？等一下就尴尬了！”放心，你不知道怎么答，别人也许会知道。更关键的是，我们儿童哲学课就是需要讨论那些大家可能不知道答案的问题。所以呢，越是这种不知道答案的问题，越可以提。老师绝对不会笑你们的啊，也不会说“这个问题怎么这么糟糕啊”。唯一的要求就是：这个问题要跟故事有关——只要有一定的关系就可以。

第三，每个人的学习单右半部分有一大块空间供你们写问题，底下还有一个“神秘盒子”。“神秘盒子”不去动它就可以了，等一下会用到。

明白了吗？有没有疑问？有疑问的同学举手。（无人举手）好，没有疑问。接下来的3分钟时间请大家动笔开始写问题。请安静书写，不要看别人的。请写你自己提的最独特的问题。

学生:（开始动笔写，较为安静，或低头沉思或挠头托腮，没有相互看的情况。有些较早完成的学生把笔放在桌子上，端正坐好，但一想到补充的内容，就又拿笔继续写）

教师:（一边走动巡视，一边说）问题没有好和坏之分，想到什么就写上去，不要把自己写的又擦掉。很多问题都是有意义的。也许你们像我一样，读完这个故事，觉得“哎，这个故事奇奇怪怪的”，那就把你们的问题提出来。我看有的同学已经写了3个了，加油。（过了一会儿）很好，再多写一点儿，越多越好，越多我越开心。好，有写4个的吗？我看到你们的思路渐渐打开了。[①]（又过了一会儿）好，现在听我指令，把你正在写的这个句子写完，然后把你的这张纸交给你的同桌，再从你的同桌那里把他那张纸拿过来。拿过来之后你看一看同桌写的，也许会受到启发。如果你受到启发，想到了一些新问题，就把它写在“神秘盒子”里。这一阶段仍然是安静书写，时间为3分钟。

---

① 在小组讨论期间，教师不能站在讲台上不动，应到各组巡视、答疑，必要时以“好奇的倾听者”身份参与某些组的讨论。巡视时，教师需要观察学生讨论的活跃度和思维的深度、广度，以便灵活调整讨论时间和任务要求。

神秘环节
● 请每位同学将自己的学习单传给同桌。 ● 拿到同桌的学习单后，看看同桌写了哪些问题。受他的启发，你又想到了哪些新问题？把你想到的新问题写在“神秘盒子”里。 ● 时间：3 分钟。

学生：（注意力被吸引，抬头看向教师，随后低头完成手里的句子。完成后看向同桌，小声询问并互相交换学习单；互换后低头安静地阅读同桌的学习单。接下来较之前更加活跃，有的来回翻动学习单，有的看向其他同学并小声交谈，还有的小声问教师具体要求。思考时间长且情态各异，有的学生直起身子仰头思考，有的学生开始转笔，有的学生趴在桌子上托住下巴，经过充分思考后才下笔开始写，写完之后把笔放在桌上）

教师：还有 2 分钟时间。我发现大家受了启发之后就写出了很多啊。（来回巡视）再想想，打破你思维的框框。还有 1 分钟。（小声个别指导）好，时间快到了，赶快把现在正在写的句子写完啊。好，时间到，接下来请大家看屏幕。

学生：（听见教师的指令，陆陆续续放下笔，抬起头看向屏幕，开始稍有嘈杂，随后逐渐安静）

第四环节　各组投票选出本组想讨论的问题

教师：我们接下来要进行一个组内分享的环节。等一下请每个组把 4 个人写的问题放在一起，大家互相看一看，可以进行讨论。看完全组的问题后，再请每个人投一下票。[①] 你可以投自己的问题，

① 曹剑波教授在点评本课时指出，在这个环节，组里 4 个学生可能很难相互记下彼此的问题，最好请某个学生念一下所有的问题。

你也可以投别人的问题，在你最想讨论的3个问题后面画星星。[①] 等一下看看你们组里哪个问题的星星最多。我会请每个组来汇报你们组星星最多的问题。有没有疑问？

学生:（异口同声）没有。

教师：没有疑问就开始。4分钟。

组内分享与投票（4分钟）
● 请将每个人写的问题放在一起，大家互相看一看。 ● 可以出声讨论。 ● 看过全组的问题后,每个人在自己最想讨论的3个问题后面画星。 ● 结束后，会请每个组汇报你们组星最多的问题。 ● 开始!

学生:（有的组已经完成书写，直接开始讨论；有的组还没有完成书写，4个学生都低头书写，书写完毕后开始讨论。讨论热烈，声音高亢。4个学生聚在一起，积极翻动、传阅甚至抢着看彼此的学习单；也有人对着别人的学习单陷入沉思，有抱头、挠腮、转笔等表现）

教师：可以开始画星了，每个人画3个。可以投自己的，也可以投他人的，投完算一算你们组哪一个问题的星星最多。

学生:（仍然有讨论的声音，但音量减弱，低头动笔画星。个别学生举手询问教师。随后各组学生开始翻动各自的学习单计算星星的数量，讨论自己投给了谁，声音变大）

① 曹剑波教授在点评本课时建议应改为“画不超过3个星”，因为学生喜欢的问题不一定能有3个。同时，这样做也可以降低课堂的工作量，因为学生要在4分钟之内看完所有问题、完成讨论、标记，这可能有难度。

教师:（回答某些小组的疑问）如果不同人提了同一个问题，你们给谁画星都行。（走动询问）你们投好了吗？好，讨论结束。（做手势）3、2、1。

学生:（大部分学生迅速安静下来，但有一组还在讨论）

教师：好，（观察）现在还没有停下来的小组是……第三组，（走到第三组面前）记不记得我刚才说什么时候停止讨论？

第三组学生：3、2、1。

教师：对。我知道你们讨论得非常专注，但要注意老师的信号哦。[①]（面向全班）好，那接下来我先解释一下我们刚才为什么要这样做。其实你们刚才提出问题、选择问题的过程，叫作头脑风暴。我希望每个组都能找到一个好问题来讨论。可是怎么找到那样一个大家想讨论的问题呢？头脑风暴，就是先运用发散思维，通过相互启发，想出一大堆点子，然后再运用聚合思维来筛选。最后选出的那个问题可能是大家最想讨论的。这就是头脑风暴（图 11–1）。[②]

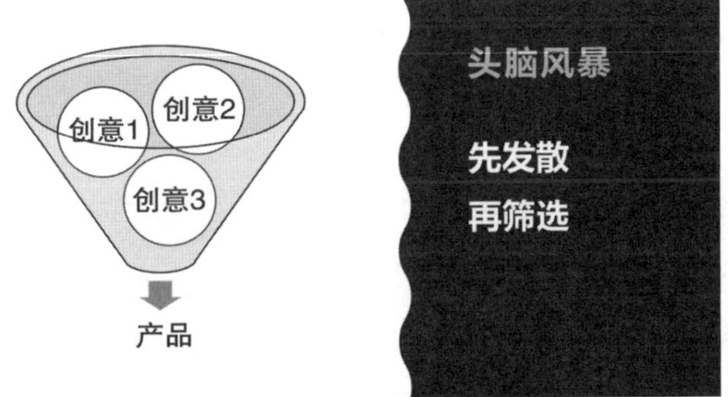

图 11–1　头脑风暴

① 第三组学生在全班都已经安静下来之后，还在激烈地讨论。遇到这样的情况，教师首先要冷静分析原因。周围已经安静下来了，这组学生却浑然不觉，说明他们完全投入探究中，并非故意破坏课堂规则。因此教师在此完全没有批评他们，反而肯定了他们的投入。

② 在本课中，安静思考、交换书写就是发散思维阶段，画星就是聚合思维阶段。

学生:（转头看向大屏幕，安静）

教师：那么接下来我们要进行一个各组热门问题的分享。刚才分了A、B、C、D角色，对不对？现在是A同学要做事情的时候了。主持人按照第一组到第十组的顺序请各组发言，然后请每组的A同学站起来分享你们组星星最多的问题。但是，提出的问题不能够重复。所以，如果你们组的这个问题非常“不幸”地被前面的人讲到了，那就需要A同学随机应变，从你们组其他有星星的问题里挑一个来汇报，好不好？明白了吗？好，现在请主持人主持。

主持人:（拿着话筒，按小组顺序请每组汇报）

第一组A同学：我们组的第一个问题是，那些白米本身就是钟离牧自己的，为何不收？我们组的第二个问题是……

教师:（打断）每个组只能汇报一个问题。你要汇报的是刚才那个白米的问题，对吗？（将这个问题实时打字展示在屏幕上，全班都能看到）

第一组A同学：是。

教师：好，谢谢。后面的组注意，你们不能再说同样的问题了哦。①

第二组A同学：我们组要讨论的问题是，为什么钟离牧要选择以德报怨？

第三组A同学：我们组要讨论的问题是，县长最后为什么要放了那个人，仅仅是因为钟离牧的背景吗？

第四组A同学：我们组讨论的问题是，为什么钟离牧要以德报怨去原谅这个人呢？

---

① 课堂上，学生经常没有真正理解教师的要求。因此，假如课堂时间充裕，教师应该在布置任务后请一两个学生起来复述一下任务。

教师：请注意看，你们和第二组的问题重复了。请重新提一个问题。

第四组 A 同学：为什么那个本地人被释放后很惭愧又很害怕呢？

第五组 A 同学：我们组讨论的问题是，钟离牧为什么一定要把他自己种的稻给那个本地人？

第六组 A 同学：我们组讨论的问题是，钟离牧以直报怨的话，会怎么样？

第七组 A 同学：我们组的问题是，如果钟离牧一气之下回了老家，本地人会被惩罚吗？县长以后的生活又会怎么样？

第八组 A 同学：我们组讨论的问题是，县长放了本地人，真的是这样吗？

第九组 A 同学：我们组讨论的问题是，钟离牧自己辛苦种的稻子被拿走了，他会生气吗？

教师：好，谢谢。

第十组 A 同学：我们组讨论的问题是，钟离牧为什么不直接告诉县长？

教师：你能解释一下告诉县长什么事情吗？

第十组 A 同学：那个，他的……他的稻米被抢。

教师：哦，他为什么不自己去举报本地人。好的。

（每个问题提出后，教师都做记录，展示在屏幕上，并用语气词和表情表达赞赏、惊喜）

教师：好，非常感谢大家。我觉得很神奇，我还以为后面的几个组会比较难提问题，没想到你们好像面无难色，看来你们准备的问题是非常多的，我们轻轻松松就提了 10 个不同的问题。

第五环节　各组讨论本组的问题并汇报观点

教师：接下来我们要进行问题讨论。请大家注意，你们讨论的就是本组刚才汇报的那个问题。讨论的时候请 B 同学来主持，总共 5 分钟，请你想想看怎么样让每个人都有机会发言。请 C 同学用你学习单的背面来记一下大家提了什么观点，但是最重要的是理由，一定要有理由。讨论完，请 D 同学负责向全班介绍本组同学的观点，你可以看着 C 同学整理的记录，但不要照着念。在介绍的时候，你不需要说“我们全组都同意某一种观点”，你可以说“我们组有人认为是这样，因为……；但是也有人认为是那样，因为……”请记住，我们鼓励不同观点，但是一定要说理由。有没有疑问？那好，请 B 同学开始主持。① 你们刚才提的问题显示在屏幕上了。

（学生讨论，教师到各组旁听，露出好奇的表情，偶尔进行追问）

教师：好，我看讨论得差不多了。讨论结束，3、2、1。（全班迅速安静了）好，请主持人主持，我们还是从第一组到第十组，每组用 1 分钟时间（在屏幕右侧调出一个小计时器），汇报本组的讨论结果。请自己监督好自己，用 1 分钟时间把自己要说的话用很明确的方式概括出来，讲给大家听。② 好，开始。

---

① 教师在学习单上预先印制 A、B、C、D 4 种不同的代号，以随机方式给学生分配角色，就是为了让全体学生都充分参与课堂。由于每个人在组内的分工都是不可替代的，就让每个学生产生了一种责无旁贷、舍我其谁的责任感。即使平时不太擅长上台发言的学生，一旦抽到了 D 角色，也更容易鼓起勇气上台。在一学期连续开展儿童哲学课时，教师可以给每个学生固定的 A、B、C、D 代号，但每节课给这几个代号安排不同的分工（例如，有时让 A 来做主持讨论等幕后工作，有时又让 A 上台演讲），这就可以让每个学生都锻炼自己不同的能力，体现儿童哲学对全面发展的促进。

② 通过对发言进行明确的时间限制，学生能够学会有条理地、言简意赅地表达，也减少了其他学生因为等待太久而不耐烦的可能性。

第一组D同学:（因为之前每个组提的问题都显示在大屏幕上，所以各组汇报时都没有再重复说一遍问题，而是直接开始说观点）我们小组的讨论结果是，因为钟离牧认为本地人有悔改之心，所以准备帮助那个人，让他获得新生的机会。

教师：谢谢。

第二组D同学：我们小组有人认为，因为这件小事不至于让那个本地人坐牢，而且多一件事情不如少一件事情。我们还有人认为，因为钟离牧太善良了，他认为那个本地人是没有饭吃的，所以才把稻子送给他。[①]

第三组D同学：我们组有人认为县长放了那个人，不仅因为钟离牧的背景，也因为县长被钟离牧的善良感动了。我们组还有人认为县长放这个人只是因为钟离牧的背景。

教师：有理由吗?

第三组D同学：县长对钟离牧说——“先生，你父亲在朝廷里当大官，假如他老人家知道我害你搬走了，我这官还怎么当？”

教师：好，谢谢。

第四组D同学：我们组有的人认为本地人感到害怕，是因为他害怕再次被县长抓回去；他感到惭愧，是因为他那么对钟离牧，钟离牧还帮助他，他认为自己错了。我们组也有人认为，他惭愧是因为这块地本来就不是他的。

教师：哦。

第五组D同学：我们组有人认为，钟离牧很善良、心胸宽广，选择了以德报怨，把稻给了那个本地人；也有人说，他不想惹是生

① 如果时间充裕，可以基于此观点追问：如果这个本地人确实是因为没有饭吃快饿死了，才出来侵占钟离牧的稻谷，我们应该原谅他吗?

非，不想用武力来解决问题。①

教师：我从没这么想过，好有趣的观点。

第六组D同学：我们认为，因为钟离牧很善良，他不会去发动报复性的攻击，否则如果这件事传出去，他的威信会受到损失。

教师：谢谢。

第七组D同学：我们组认为本地人会被惩罚，因为县长选用的是以直报怨（的原则）。他是老百姓的父母官，他必须引导百姓去遵守法律，要做好带头作用。至于县长以后的生活会怎么样，我们组有的人认为县长以后的生活会很糟糕，因为这件事可能会被钟离牧的父亲知道，然后他就会惩罚县长。我们还有人认为县长的生活会一直好下去，因为钟离牧可能会向父亲求情。

第八组D同学：我们组有的同学认为县长确实放了本地人，因为钟离牧的父亲是将军；但是还有的同学认为，县长并没有放过本地人，只是给钟离牧口头上的安慰，让他不要回老家。

第九组D同学：我们小组有的人认为，他应该觉得“多一个朋友，多一条路”，不想跟人有过节；还有人认为，他家本来就不缺米。

（教师和学生大笑）

第十组D同学：我们组有人认为钟离牧觉得那个本地人是个平民，家里有需要；还有人认为钟离牧家有钱有势，本地人要不要走稻谷都一样。②

---

① 如果时间充裕，可以基于此观点追问：如果我们确实被他人欺负了，什么情况下应该勇敢斗争，什么情况下应该暂避锋芒甚至忍气吞声？

② 基于上述几个组的观点可以追问：钟离牧和本地人的家境，是否影响我们对两人行为道德价值的评价？可以将4种可能性（一贫一富、一富一贫、两人皆富、两人皆贫）列出来一一讨论。

第六环节 全班讨论：这块地上的稻谷应该属于钟离牧吗？

教师：好，谢谢。我觉得很惊讶啊，在短短的几分钟时间里，每个组都产生了如此不同的观点；而且无论是什么样的观点，你们都说出了非常有趣的理由。通过刚才的这些讨论，我想我们对整个故事又有了一些更深刻的理解。你们的这些问题都很有意思，其实每个问题都可以讨论很多内容，但因为时间特别有限，所以接下来我想请大家针对几个我自己好奇的问题发表观点。[①] 接下来的这个讨论过程当中，还是请主持人按照你的原则来分配发言权，好不好？跟刚才一样，“鼓励不同观点，没有标准答案”。第一个问题，我好奇的是，假如这块地本来确实是那个本地人的，他让那块地在那里荒了好几年，现在钟离牧去种了稻谷，你们认为这块地里的稻谷应不应该属于钟离牧？

（许多学生举手，主持人逐个请学生发言，教师做记录并在屏幕上展示）

S1：我认为这块地的稻谷应该属于钟离牧。因为这块地的稻谷都是钟离牧一手种的。而那个人他……他是看到钟离牧的稻谷成熟了，就想占小便宜，然后才去要了稻谷。而且就算想要稻谷，他也应该征求钟离牧的同意，不应该像这个样子……（强拿硬要）

S2：我觉得他们应该平分稻子，因为这块地是那个本地人的，而那些辛辛苦苦的努力都是钟离牧的，他们都有一半的责任。

---

① 接下来，教师请学生讨论的是教师从故事中提炼出的 3 个具有重要哲学意义的问题。但为了避免学生认为自己提出的问题不够好，教师强调讨论这 3 个问题的原因仅仅是“我自己好奇”。这也是评价语言个体化策略的一种运用。

教师：他们都有一半的……“责任”，你会不会想换一个词？

S2：他们应该都有一半的……拥有这个稻谷的“权利”。

教师：“权利”，好。这一下子就有两种观点了。还有没有其他的观点，或者是针对刚才的这两种观点来补充？

（主持人选了一个学生）

S3：这个还是要看情况。如果这块地本来是属于本地人的，那我就觉得稻子应该给那个本地人。因为钟离牧也没有经过本地人的同意就种他家的地，肯定应该把稻子给那个本地人。但如果那块地本来就是荒地，钟离牧看见没人种才去种的，那么稻子就应该属于钟离牧。

主持人：还有谁想发言？

S4：我同意S3的观点。我觉得如果地真的是本地人的，那么（稻谷）就应该都是本地人的，因为钟离牧没有经过本地人的允许，就在他的地里种稻。

S5：我反对，我觉得所有的稻谷应该都属于钟离牧。因为如果那块地真的属于本地人的话，那他应该早早就发现钟离牧在他的地里种稻，去跟他交涉。但是现在本地人等到钟离牧种的稻子成熟了，才来说这块地是他的，很明显就是想抢走钟离牧的稻谷。而且这所有的稻谷都是钟离牧辛辛苦苦种出来的，为什么要分给本地人呢？假设——我就拿我们学习中（的例子）来假设——你做完了作业，结果作业本上没有写名字，如果有个人来说“这是我的作业本，既然你帮我做了，那我就把这作业拿走了”，不就是一样的意思吗？

（学生、观众大笑，鼓掌）

S6：我对前面同学的话有要补充的，我觉得这些稻子应该都归县长所管，因为大家都不知道这块地到底是荒地还是这个本地人的，所以他们两方都可能是为了争夺稻子而大打出手。所以我觉得稻子还是应该归政府所管。

主持人：还有没有想发言的？

教师：（打断主持人）真的太惊讶了，原来有这么多观点。那我再“刺激”大家一下，我想给大家设定一个条件：刚才有同学说如果本地人早早发现钟离牧在种，那他早就应该来。我现在假设这块地在当地已经荒了十年，钟离牧刚来这里的时候到处去问，说：“请问这块地是谁的呀？”大家都说：“不知道啊，荒了好久了，从来没有见人来过啊，已经十年了。”请问在这种情况下，你觉得这块地上的稻子到底属于谁？[①]

S7：我觉得在刚刚大黄老师说的那种情况下，所有的稻谷应该都属于钟离牧。因为这块地不属于任何人，而钟离牧种下了稻谷，所以应该属于钟离牧。

教师：好的，其他同学还有不同意见吗？

S8：我对S7的话有不同意见。我觉得如果地荒了十年的话，稻谷也应该平分。如果说这块地是本地人的，却没有人能证明这块地就是他的；如果这块地是荒地，也没有人证明它是有主人的。

教师：等一下，我没听懂你的观点。你说，没有人能证明它的主人是谁？

S8：就是……就是如果地荒了十年，那如果这个本地人说是他的，也没有人能证明这块地不是他的。

---

① 这是教师在课堂上临时想到的追问，通过设定这一条件，排除了“钟离牧先征求主人意见再耕种”的可能性，从而进一步聚焦在“是否可以耕种找不到主人的荒地”这一问题上。

S9：我觉得应该是大部分都属于钟离牧，然后呢，小部分可以给本地人。因为……辛勤劳动的是钟离牧，而没有人能证明这块地是本地人的，所以钟离牧可以给本地人一小部分。

教师：好，最后一个发言机会，谁觉得自己的观点和前面的不一样？

S10：我觉得应该把稻谷平分，条件是首先这个本地人要证明这块地是他的；而如果无法证明的话，稻谷都应该属于钟离牧。因为“如果没有地就无法耕种”，但是“有地却不耕种也是不能收获的”，所以他们可以平分。①

教师：好，谢谢。因为时间关系，这个问题先讨论到这里。我觉得同学们刚才的很多观点很有意思。将来大家如果学法律的话，就会接触到这样一个问题：一个东西，比如说一块地、一座房子、一辆车是你的，可是你要怎么样去行使所有权？如果你有一块地，可是你十年都不去打理，不去管，把它放在那里，或者你明明有一座很大的房子，可是你不给任何人住，你也不去管，不去修理，就一直放在那里，那么在这段时间内，这个房子如果有人去住了，我们认为在这样的一个过程中，这座房子才得到了有效的利用。大家想一下：一块地如果荒了十年，对于我们的农业生产、资源利用，是不是很大的一个损失？所以世界上有一些国家是这样规定的：如果一块地或一座房子很长时间都没有人管，不知道主人是谁，那么

---

① 通常，我们很难预先估计一个问题在课堂上要用多长时间来探究。教师需要聆听学生的发言，以判断一个问题的讨论潜力是否已经挖掘光了。通常，如果逻辑上各种可能性（全归钟离牧、大部分归钟离牧、平分、大部分归本地人、全归本地人、归政府）都已出现并得到充分论证，且新发表的观点与已有的不再有明显差别，教师就可以将这个问题的讨论停下来。

其他人是可以去种那块地，可以住进那座房子的，因为这样才能让资源得到有效的利用。这种规定叫“反向占有”。[①] 但是这样的一个规定也有很多人反对，因为——举个例子，这块地本来属于一个人，万一他回来了，说：“哎呀，不好意思，这么多年来，我爸爸从没有跟我说我家有这块地，我才知道啊！”这个时候，我们觉得他好像也是有一定的权利的。所以法律上对于这种“反向占有”是有很多细微的规定的。你们将来如果感兴趣，学习了法律之后，就可以更细致地讨论这个问题。

第七环节　全班讨论：本地人应该受到法律制裁吗？

教师：我再问第二个问题，你们觉得这个本地人是不是应该受到法律的制裁？

S11：我认为这个本地人不应该受到法律的制裁。因为稻子是钟离牧心甘情愿给本地人的，意思就是说，钟离牧把稻子送给了本地人，本地人收了，就相当于领了他的心意，所以我觉得他不应该受到法律的制裁。谢谢。

S12：我反对 S11 的看法，我觉得他应该受到法律的制裁。从古至今有一句话是“一分耕耘，一分收获”。本地人是在钟离牧把稻子都种好之后才过来的，分明是想捡这个便宜。所以我觉得他要受到法律的制裁。

S13：我对 S12 的说法有所补充，因为是本地人要求了，钟离牧才给他稻子的，所以我觉得本地人应该受到法律的制裁。

① 徐国栋．反向占有、取得时效、占据空屋运动与所有权积极行使义务——兼论《魏玛宪法》第 153 条的历史根源［J］．经贸法律评论，2020（2）：60-72.

S14：我觉得这个本地人应该受到惩罚，因为我们知道这块地应该属于政府，如果钟离牧种了这块地以后，他最后的成果应该也有一部分是政府的，所以我觉得他们两个都会受到法律的制裁。

S15：我对他们的话有所补充。如果这块地不属于本地人，而这个本地人跟钟离牧说这块地是他的，这样的话，我觉得他会受到法律的制裁。

S16：我反对 S13 的说法。我觉得本地人不会受到法律制裁，钟离牧放过他是因为想给他一个改过自新的机会。

教师：好，这个问题先到这里。我们从这个故事来看，钟离牧好像是把稻子“送”给他了，对不对？但是又像你们刚才说的，是本地人主动提出了要求。所以这个地方就非常奇妙。比如说，你现在把手头的东西送给同学，同学会不会受到惩罚？肯定不会，因为是你送的，对不对？但如果你放学走到了校门口，有人拿出一把菜刀对着你说：“把你的书包送给我。”你把你的书包“送”给他了（全班笑），请问他要不要受到法律的处罚？

学生：要。

教师：但是这个故事似乎介于两者之间。本地人跳出来说这块地是他的，但他甚至都没有进行威胁，钟离牧就自愿地把稻子交给他了。本地人的这种行为是不是应该受到制裁，其实在法律上也是有不同观点的。如果你们将来学习了法律，就可以写文章讨论这个问题。

第八环节　全班讨论：钟离牧应该怎样对待本地人？

教师：好，时间关系，我们进入最后一个问题的讨论。如果你是钟离牧，你会怎样对待这个本地人？看看你们有没有不同的观点。

S17：如果我是钟离牧的话，我会对本地人说："这些农作物都是我辛辛苦苦种的，我为什么要给你呢？"这是别人辛勤劳动的成果，为什么他要来占小便宜？

S18：我不同意 S17 的观点，我认为"宽容加一笑是最好的复仇"。（众鼓掌）①

S19：如果我是钟离牧的话，我会把他送到县衙去，因为钟离牧来之前应该是问清楚了这块地有没有主人。本地人当时没有站出来，而是在钟离牧种完之后才来认领，而且也没有证明地是他的。

S20：我反对 S19。如果本地人之前出差了，回来的时候看到钟离牧在他的地里种了稻子，他才上去说这块地是他的呢？会有这种情况。

S21：我反对 S20 的观点，我们从故事中可以知道，一个本地人在稻子要成熟时突然跑出来，说明他是等待了很久才出来的。《三字经》中说过"人之初，性本善"，钟离牧给本地人一个机会是希望他能改正。

S22：我觉得钟离牧已经看出了这个人有悔改的心了，所以我觉得钟离牧一定会善待他。

教师：好。注意我们问的是"如果你是钟离牧"，你们可以从自己的心态、性格来回答。

S23：如果我是钟离牧的话，我会先告诉本地人这样做是不对

---

① 像这样引用名言、俗语来表达观点固然好，但实际上不能构成一个很有力的论证。教师应该追问："为什么这是最好的复仇呢？"

的，如果他还是要把稻谷拿走的话，我也不会去阻止他，就让他拿走。反正我有种田的技术，你再怎么也拿不走我这个技术。

S24：我觉得应该原谅这个本地人，因为“海纳百川，有容乃大；壁立千仞，无欲则刚”。

S25：我会直接把那块地买下来，然后送给本地人。他不是想要稻子吗，我把地送给他，他要稻子自己去种，免得天天来找我要。

教师：你这个是精准扶贫的思路，授人以渔。

S26：首先我会让本地人证明他是这块地的主人。如果他是这块地的主人，我就把一半稻子给他；他不是主人的话，我就不会给他。

教师：你不会给他，但你会不会去告他？

S26：我会到官衙去告他。

第九环节　探究总结

教师：好，时间关系，我们先讨论到这里。我非常惊讶，同学们有非常有趣的观点，那么接下来我就简单总结一下。

我们看看刚才最后一个问题——钟离牧应该怎样对待本地人？同学们刚才的各种说法，大概可以归类为三种（图 11-2）。一种就是像钟离牧那样以德报怨，换句话说，就是“他欺负我，我却帮助他”。同学们刚才也说了很多理由，有一些同学说因为钟离牧可能胆小怕事或者不想惹是生非，被欺负就算了；还有一些同学说钟离牧想要感化本地人。在这个故事当中，我们也确实看到这个本地人被感化了。当然，在生活中也有一些情况，对方是不会被感化的。所以，还有一种做法叫以怨报怨，但是在同学们当中基本上没人提出这样的做法。以怨报怨就是“他欺负我，我也欺负他；他害我，我也害他；你让我不好过，我让你更不好过”。

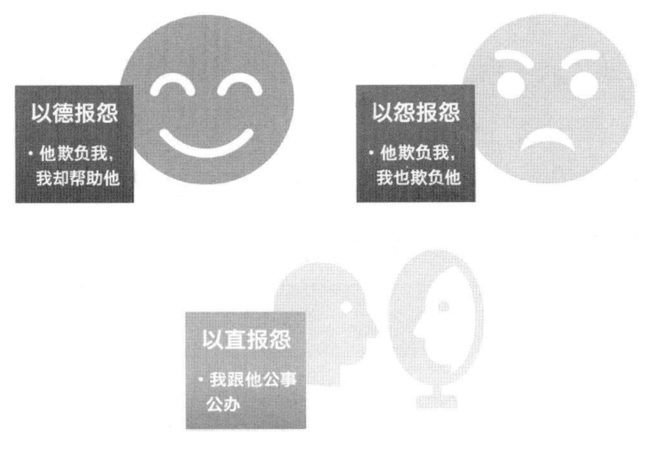

图 11-2　3 种说法

孔子：以直报怨，以德报德
或曰：“以德报怨，何如？”子曰：“何以报德？以直报怨，以德报德。”——《论语・宪问》 ［译文］ 有人说：“以善意来对待那些怨恨我们的人，怎么样？” 孔子说：“那要用什么来报答那些对我们有善意的人呢？倒不如用公事公办、不讲情面的态度来面对那些怨恨我们的人，用善意来报答那些对我们有善意的人。”

同学们刚才也谈到了以直报怨。以直报怨是孔子的一个观点。他认为，你对待一个对你不好的人，既不需要反过来帮他，也不需要刻意去欺负他，而是跟他公事公办。就像有的同学刚才说的，如果他不是这块地的主人，却还找你要稻子，你一定会去县衙告他，对吧？因为你认为他应该受到惩罚。你没有恨他，跟他也没有个人恩怨，你就是觉得按照法律应该这样子办。这是孔子的讲法。“或

曰：以德报怨，何如？”这个“或”就是“有的人”。有人跟孔子说，这种以德报怨的行为难道不是很好吗？可是孔子说：“何以报德？”如果你以德报怨的话，那如何对待那些对你好的人呢？你送给这个本地人六十斛米，那如果有一个人善待你，你又要给他多少？所以孔子说我们不如“以直报怨，以德报德”。也就是说，我们倒不如用公事公办、不讲情面的态度来面对那些怨恨我们的人，用善意来报答那些对我们有善意的人。

朱熹的解释

或人之言，可谓厚矣。然以圣人之言观之，则见其出于有意之私，而怨德之报皆不得其平也。必如夫子之言，然后二者之报各得其所。然怨有不仇，而德无不报，则又未尝不厚也。——《四书章句集注》

［译文］

主张以德报怨的人，可以说是很宽厚的了。但……这种做法会导致对我们好的人与对我们不好的人，都得不到他们应得的对待。只有按孔子主张的做法，才能让两类人得到合理的对待。孔子的做法，其实也展现了我们的宽厚，因为对于那些怨恨我们的人，我们没有刻意报复他们，不就是宽厚的表现吗？

朱熹也为孔子的观点做了一个解释。他说，以德报怨看起来很宽厚，可是这会导致那些对我们好的人和对我们不好的人得到一样的对待。所以，按孔子的做法，我们其实也能够展现我们的宽厚。因为那些怨恨我们的人，我们也没有怨恨他们，我们只是公事公办、不讲情面而已，对吧？这其实也是一种宽厚的表现。当然了，上述只是孔子和朱熹的观点，你不一定要同意他们，我也不一定同意他们。我只是告诉大家：历史上曾经有哲学家这样说过。

我们今天一起学习了什么？
● 一个历史故事：钟离牧让稻。 ● 一种思考方法：头脑风暴。 ● 一个哲学问题：要不要以德报怨？ ● 一句哲理名言：以直报怨。 ● 许多意外收获：你们的提问和观点。

我想回顾一下今天我们一起学习了什么。第一，我们了解了《三国志》当中的一个历史故事。第二，我们学会了一种思考方法——先提出大量的选项，然后再筛选。这叫作头脑风暴。第三，我们思考了一个哲学问题——“要不要以德报怨”。第四，我们学会了一句哲理名言，叫作“以直报怨”。第五，在你们刚才的分享当中，我得到了很多意外的收获，非常感谢大家！（鼓掌）

教学反思

这堂课采取了兼顾学生提问和教师设问的方法。从课堂实录中可以看出，学生提的问题虽然思维层次相对比较浅，能在短时间内讨论完，但能够帮助学生充分理解这篇相对比较复杂的刺激物，有效地厘清人物关系和故事情节。教师所提的3个问题则有明确的哲学指向，其中前两个（这块地上的稻谷应该属于钟离牧吗？本地人应该受到法律制裁吗？）涉及法哲学，第三个（钟离牧应该怎样对待本地人？）则涉及伦理学。课堂中学生思维活跃、发言积极，也不乏生生之间的对话。但将对话细细读下来，我们仍会发现一定的缺憾。

以教师的第二个问题“本地人应该受到法律制裁吗？”为例，共有6个学生发言，但他们的发言只是各自陈述了不同的观点，却没有相互在对方的观点基础上进行深入的辩难或反思。如S11认为本地人不应该受到法律的制裁，因为钟离牧把稻子送给了本地人，然后本地人收了。我们可以把这个论证称为“接受馈赠论证”，如果用三段论形式写出来，会是这样的形态：

接受他人的馈赠，不可能是犯罪行为。（大前提）

本地人只是接受了钟离牧的馈赠。（小前提）

所以本地人的行为不可能是犯罪行为。（结论）

此后，S12说“我反对S11的看法”，但完全没有针对S11的论点、论证或论据进行驳论，而仅仅是陈述了自己的观点并按自己的方式论证：“我觉得他应该受到法律的制裁。从古至今有一句话是‘一分耕耘，一分收获’。本地人是在钟离牧把稻子都种好之后才过来的，分明是想捡这个便宜。所以我觉得他要受到法律的制裁。”此后发言的4个学生，也都没有认真思考S11的“接受馈赠论证”，而是用一些说服力不强的论证来支持自己的观点。

其实，如果我们仔细思考钟离牧让稻的故事，会发现本地人的行为与平常的接受馈赠有一定差异。在接受馈赠时，我们都会承认礼物原本是属于馈赠者的，只是在赠送的那一刻所有权才转移到自己这里。但是本地人并不承认稻谷的所有权原本属于钟离牧。相反，他认为这些稻谷的所有权属于自己，他只是在拿回本该属于自己的东西，而不是在接受馈赠。从另一个角度说，在赠送礼物时，赠送者与被赠送者具有相同的认知（“这是在赠送礼物”）；但在钟离牧让稻的例子里，双方也许具有不同的认知（钟离牧认为自己在赠送，本地人认为自己在取回属于自己的东西）。如果能从这个角度反驳“接受馈赠论证”，就有可能将讨论带向更深的层次。

在儿童哲学课上，我们不能仅仅满足于学生表达出多种多样的观点，还要让每个人的观点得到打磨、深化。在某个值得深思的论证出现时，教师不妨站出来暂停讨论进程，让学生先不忙着提出新观点，而是静下心来思考，并针对这个论证本身提出反驳或修正。

第十二章

虚假的东西会有真实的作用吗？——“望梅止渴”的故事（课例）

本课是以《世说新语》中“望梅止渴”的成语故事为刺激物，面向五年级学生开展的一次 40 分钟的儿童哲学探究。[①] 教师课前在专家指导下设计了 3 个探究问题。学生针对这 3 个问题进行了小组讨论和全班对话，其中不仅认识到虚假的东西借由意识的能动作用可以起到真实的作用，还打破思维定势，从普通士兵的视角重新解读“望梅止渴”的成语故事，引向了“如果某个谎言对大家都有好处，是否应该将其戳穿”的深刻问题。本节课上课前，教师已将学生分为 12 个小组，每组 4 人。课堂上，学生已按预先分好的小组就座。

第一环节　呈现刺激物

教师：上课！同学们请坐。这节课，老师要带大家一起讨论什么话题呢？请大家看屏幕。老师给大家带来了一种水果。（呈现一幅

① 本课由西安市曲江第二小学孟康星老师设计并执教，曹剑波、黄睿指导。这里呈现的是 2023 年 9 月在曲江第二小学面向五年级学生授课的记录，由黄睿根据录像逐字整理并撰写教学反思；收入本书时，对师生发言中的部分口头禅、语病、口误进行了不改变原意的修改。学生姓名以“S1”“S2”等编号替代，其中数字代表在本节课上发言的顺序，数字相同的说明是同一个学生多次发言。

杨梅的图片）大家看，这是什么？

学生：杨梅！

教师：关于杨梅，有没有什么成语是大家所熟知的？谁可以说说？

S1：关于“梅”确实有一个成语——望梅止渴，不过杨梅跟它（成语故事）里头的“梅”，我认为不是同一种。

教师：不是同一种？你认为是哪一种“梅”？

S1：（图片）这个是杨梅，故事里的“梅”我认为是青梅。杨梅上面不是有很多点吗？（青梅没有点）①

教师：哦，是的，你认为“望梅止渴”里的“梅”不是这种杨梅，但是你依然想到了那个成语故事，对不对？我们这一节课要讨论的就是他刚才说的成语——望梅止渴。“望梅止渴”的故事，大家都有所了解吗？

学生：了解。

教师：看来大家已经有了大概的了解。那么现在老师带大家快速地回忆一下这个故事，它讲的是什么呢？来，现在我要化身语文老师，带来了一篇古文，我们一句句地看。我现在想请同学们尝试解释一下，可以大胆地去解释。

“望梅止渴”故事原文
魏武行役，失汲道，三军皆渴，乃令曰：“前有大梅林，饶子，甘酸可以解渴。”士卒闻之，口皆出水，乘此得及前源。

① 教师备课时确实未注意到青梅和杨梅的差异，因此在课堂上受到了学生的指正。学生愿意正面指出教师的错误，也说明儿童哲学课强化了学生尊重真理的精神。

（几名学生尝试逐句翻译原文，基本能翻译准确，教师予以赞赏）

教师:（呈现故事译文）我们看一下，这是前面这段古文的解释。请大家快速地看一下，然后请一位同学来为我们大声朗读一下。

学生:（朗读译文）魏武帝曹操行军时，找不到通往水源的道路，全军都很渴，于是曹操说:“前面有一大片梅林，结了很多果子，酸梅可以解渴。”士兵听后，嘴里都流出了口水。这个办法让部队赶到了前方，找到了水源。

第二环节　全班讨论：望梅真的能止渴吗？

教师：通过这个故事，我们了解了成语“望梅止渴”。那么我们来思考第一个问题：望梅真的能止渴吗？现在老师给大家 3 分钟的时间，以 4 人一个小组来讨论。

（小组讨论）

教师：好，时间到。现在我相信你们应该有一个大致的想法了，是吧？哪个组想好了？我来找一些代表小组发言的同学。

S1：能，也不能。它是一种心理安慰，并不是真实的。

教师：哦，它是一种心理安慰，不是真实的。好，请坐。来，请你说。

S2：我觉得能，咱们可以举一个例子，咱们的家长给咱们定了一个学习目标，然后他说你只要达到学习目标了，你就可以得到一个奖励。这就是……这个就会成为我们前进的动力。

教师：望梅真的能止渴，因为梅林现在就是我们往前走的一个动力，它是我们的目标，所以能止渴，这是他的观点。来，再找一个同学。

S3：我觉得它不能止渴。因为我们望梅，没有真的得到梅子，所以我们还是很渴，只有一点点前进的动力——主要是不知道前面哪里有水源。

教师：不能止渴，因为它不真实，是虚假的，对吧？梅林不存在，是虚假的。再找个同学。

S4：先举一个例子。我听过"画饼充饥"的故事。我觉得这个故事的意思就是……你很饿很饿，但你可能吃不了东西，因为没有东西可以做饭，也没有零食，没有办法填饱肚子。然后呢，你就自己画个饼，在那边（称赞）"香"，就感觉肚子饱了。

教师：总结一下，你的意思是，望梅不能止渴？

S4：能止渴。虽然可能是虚伪的，但是你想着想着，感觉……感觉还是能……填饱肚子（解渴）！

教师：哦！它虽然还是虚伪的、虚假的，但它也激励到你了。

S5：我觉得可以（止渴）。我举个家里的例子。我妈经常是晚上都洗漱好了，突然想吃火锅，结果她就看网上的视频，里面的人吃火锅，她就心理暗示："我饱了，我饱了，我不用吃。"然后她自然就感觉不饿了。

教师：心理暗示！好，请坐。还有谁要补充吗？

S6：我认为应该不能止渴，因为它只是全军所有人对得到水源的一种渴望，只是用空想来安慰自己，所以从本质上来说，是不能止渴的。

教师：好，请坐，它只是一种空想，是心理安慰，是吧？

S7：我代表我们组发言。我觉得应该是可以（止渴）的，因为虽然它只是空想——你看，曹操跟他的军队说前方有一片梅林，只要加快速度去找就能止渴，但这样一来，士兵就有了前进的动力。

士兵不知道那是假的。如果士兵知道是假的，那他们心里肯定会想："那都是假的，我还找啥，找了也没用。"但是他们现在不知道，所以他们就有前进的动力，支撑他们去找到水源。

教师：说得特别好。现在问题的关键在于，士兵不知道前面到底有没有梅林，是吧？非常好。接下来，跟前面同学说的内容不重复，做补充即可。来，你做补充。

S8：我觉得……因为当时曹操行军，找不到通往水源的道路已经很久了，士兵们都很渴，一听到梅林什么的，就感觉水源应该就在前头，所以就感觉不太渴了。

教师：是不是有个"想"啊？"想"到了水源就在前头。请你补充。

S9：就是因为想到了水（才会更渴）。假如你现在很渴，你看那边有一瓶水，但是你没有得到它，那你就会觉得更渴。

教师：哦，没有得到它，反而更渴了，所以你是站在这一方（指屏幕上"望梅不能止渴"）的，是吗？好，请坐。来，这位同学，请你说。

S10：我觉得虽然本质上是（虚假的），但是，有些东西其实不需要真正地出现，只需要在自己心里存在，然后自己就会觉得……已经达到（目标）了。

教师：他说得多好。有些东西不需要真实地存在，只要在我心里起到安慰我的作用，就已经成功了，是不是？这是你的观点。好，请坐，非常好。刚才我了解了很多组的观点，我们来看一下（黑板上的记录），认为能止渴的比不能止渴的稍微多一点。这是同学们的观点。看来，认为"能"的同学是认为虽然前面没有梅林，梅林是不存在的，是假的，但是它能让士兵们走出荒野，最终找到水源。

也就是说梅林虽然是虚假的，但是它鼓舞了士兵的士气。这种士气是不是起到了一种很真实的作用？士兵们走出去了，所以它起到了真实的作用。[①]

第三环节　全班讨论：虚假的事物，能发生真实的作用吗？

教师：好，同学们再思考第二个问题。刚才我们说，梅林是不存在的，好像是一种虚假的事物。那么虚假的事物是否可以发生真实的作用？回答前，小组先讨论 3 分钟。

（小组讨论）

教师：哪个小组想好了？我们来看一下。关于什么是虚假的事物，你们可以举些例子。哪一些是我们认为不存在的、虚假的事物，但是确实对人有一定的影响，让人能感受得到？来，请你说。[②]

S11：一个人看恐怖片，里面那种“人物”是可以（从屏幕）钻出来的，这怎么可能（是真的）？但是看到这里，这个人就好害怕。这是真实的作用，让人害怕是真实的作用。

教师：这位同学说得非常好。你觉得让你害怕的这种感受，是正面还是负面的？

S11：是负面的。

---

① 在本课中，教师基本避免了评价性倾听，且较为熟练地运用了解释性倾听的技巧（见本书第四章），不仅在学生每一次发言后都通过提炼关键词、复述等方式确认自己是否理解对了学生的意思，还在每一个问题的讨论全部结束时，再次回顾之前学生提出的各种观点和论据。

② 儿童思考较抽象的问题（如“虚假的事物，能发生真实的作用吗”）时，如果能更多地基于例子来思考，就更容易调动自己的生活经验和哲学直觉。在此，教师提醒学生举出例子，对于后面对话的成功起到了很大作用。

教师：对你而言是负面的，因为你很害怕，这是你的观点吗？还有吗？来，你补充。

S12：半夜上厕所的时候，总觉得背后有一个人跟着我，这种虚假的东西就出现在我的脑瓜里。

教师：你是这样的观点，是吗？好，谢谢你。

S13：虚假的事物，有时候可以发生真实的作用。就比如说望梅止渴，就是用梅林来激励士兵，然后士兵就更有动力了。可是（虚假的事物）有时候不能发生真实的作用。因为士兵里头肯定不可能全都是傻子吧？肯定有聪明人。这些聪明人可能就看破了主将的心思，然后对（其他）士兵说了主将的心思，这样子（虚假的事物）就不能发生真实的作用了。这些作用，有的是正面的，有的是负面的。正面的作用就是让士兵找到水源。可是这都是他们的运气好。如果……如果他们找不到水源，士兵们都会认为是主将曹操撒了谎，下一次就不会再信曹操的话了。所以说，作用有正面的也有负面的。

教师：负面作用是可能带来不信任，是不是？好，我们再找人回答这个问题，请坐。

S14：我觉得吧……这个作用可能是真实的。比如说，有一大群人在教室里面大声喧哗，突然有一个人故意说："老师来了！"这个时候大家一下子都坐端正了。所以我觉得这个是可以发生真实的作用的。

教师：那这个作用是正面还是负面的？

S14：我觉得这种作用还是正面的，因为在一个没有老师指导的教室里面，这样就让纪律变好了很多。

教师：好，请坐。来，请你说。

S15：老师，我觉得这个正面和负面应该是并存的，所以我们组给出了 4 个观点：第一，如果有士兵提前揭穿了曹操的谎言，那么这个虚假的事物就是没有真实的作用的。第二，如果曹操成功地瞒过去了，那么这个虚假的事物就是有它真实的作用的。第三，如果有士兵在到达目的地之前发现了曹操说的是谎话，那么这个虚假的事物还是没有真实的作用。第四，如果士兵在到达目的地之后发现了曹操说的是谎话，那么虚假的事物就有一定的作用。所以我们组认为正面和负面在这个问题里是并存的。①

教师：好，请坐。如果士兵没有发现曹操说的是假话，那么影响就是正面的，是一种希望，是吧？如果他们发现曹操说的是假话，是谎言，那么负面影响就是不信任。来，你说。

S16：我想反驳 S14。刚刚她说有个同学喊“老师来了”，教室顿时安静了。她说这样可以维持教室里面的纪律。但是，如果你喊了半天，老师还是没有来，那么这些同学就……就不信你了，下次你再喊“老师来了”，他们就说：“上次你喊，老师不是没有来吗？你说谎呀！所以我们不听你的。”所以说，这个就（导致）没有信任。

教师：好，你是做一个补充，是吧？好，请坐。谁再来补充前面同学没有谈到的，好，请你说。

---

① 如果仔细分析 4 个观点的逻辑关系，会发现第一个和第三个实际上意思是一样的。如果课堂上教师能听出这一问题，可引导学生重新梳理本组几种观点的关系，改为分 3 类：第一，假如到达目的地前后，都没有士兵揭穿曹操的谎言；第二，假如到达目的地之前有士兵揭穿谎言；第三，假如到达目的地之后有士兵揭穿谎言。通过这样的梳理，我们可以看出该组发言的实质贡献在于看到了时间因素对于故事结果的影响。受他们的启发，学生们还可以想到：到了目的地后即使士兵认识到曹操说谎了，也不会怪罪曹操。也许正是这一想法启发了后面的 S18 及 S21 提出他们的洞见。

S17：有一个相似的故事，就是《皇帝的新装》。两个骗子给皇帝做衣服，让皇帝以为他们做好了一件衣服，但是实际上他们并没有。皇帝其实并没有看见这衣服，但是骗子说只有聪明的人才能看见，所以皇帝就故意说他看见了，还光着身子出去了。①

教师：你联想到了《皇帝的新装》，好的，请坐。谁再来说一说？

S18：我觉得负面的谎言也可以变成正面的。

教师：你继续说。

S18：如果是在荒凉的地方行军，有的人看穿了曹操的谎言，但是为了让大部队赶紧到达目的地，他会帮着曹操一起来制造这个谎言。

教师：（困惑）他为什么要帮曹操一起制造这个谎言？

S18：为了让他们的军队赶快到达目的地。

教师：为了让军队赶快到达目的地。谁有不一样的想法？来，请你说。

S19：我的观点是……不能起到真实的作用，因为如果别人不相信你，就不会有动力了。

教师：对，我不相信你，就没有动力，是不是？就像前面同学谈到的。请坐。来，请你说。

S20：我们组有两个观点，一个是可以，另一个是不可以。“可以”是因为，当你不知道这件事情的真假的时候，你不知道前面有没有梅林，自然就会对这件事抱有希望，坚持去做，会有前进的动

① S16和S17看到了一个重要的问题：虽然谎言有时帮助我们实现了某些目的，甚至是对大多数人有益的，但说谎所造成的社会信任的崩溃依然会带来负面结果。

力。“不可以”是因为，当你知道这件事是虚假的时候，它就会给你反作用。比如说，像刚才 S16 举的例子：这回你说老师来了，老师没有来；下次老师真来了，你提醒说“老师来了”，大家都不相信你。所以就进入了恶性循环。

教师：恶性循环，好，请坐。下一位同学注意不要重复，前面同学说过的就不必说了。

S21：我发现他们口中的那些“聪明的士兵”有两种（可能的）表现。一种是，他知道曹操说的是谎言，然后他就说了出来。另一种是，他不知道这是谎言，他就没有说出来。我认为啊，他说出“这个是谎言”的话，心思还是太狭窄了。因为……他就算知道了，却还是不说，这才是真正的……他会考虑大局，他会知道大家只有这个样子才可以继续行军。①

教师：好。你来说。

S22：我代表我们组发表意见。我们组也有两个观点——正面和负面两种结果。正面的话，刚才有人说有聪明的士兵，但是我想，大家口很渴，想必刚打过仗；刚打过仗，脑子还在“短路”，想不到（曹操说的是谎言），那就会努力去找梅林。负面的话，假如一个领导在开会，他突然想上厕所，他不可能画个马桶吧，这样子只会适得其反，更想上厕所。

教师：好，请坐。你来说。

S23：我觉得虚假的事物有时候发挥真正的作用，有时候不发

① S21 的观点与 S18 基本相似，但表达得更加清楚。也许是因为 S18 说完后教师似乎没有完全理解，所以 S21 才认为有必要再表述一次。这两个学生的视角非常独特，指出了曹操的“谎言”起作用，不一定是士兵被欺骗的结果，反而有可能是部分士兵有意识地帮助曹操维系谎言的结果。

挥真正的作用，就是得看人的心理。如果他心里有那种“肯定”（的想法），（觉得）一定能找到梅林，他就会勇敢地去面对。如果他心里想的是“我们在荒漠里行军，荒漠里连一株植物都没有，不可能有梅林”，他就会……通过心理的……一直把自己的心理（预期）拉低，然后就会找不到水源。

教师：好，明白你的意思。那么关于刚才这个问题，同学们已经找到了很多观点。有时候一些不真实的、不存在的事物，真的能对我们发生作用，这种作用是真实的。我们找到了有一些作用是负面的，有一些作用是正面的。而且同学们刚才说了，还要看个性的差异，对不同的人可能就有不同的作用。

第四环节　全班讨论：“望梅止渴”与“画饼充饥”，有什么不同？

教师：我们讨论最后一个问题，刚才有同学谈到了一个很相似的成语，就是“画饼充饥”。我们现在就来详细地对比一下这两个成语。如果望梅能止渴，能暂时地止将士们的渴，那画饼能充饥吗？想一想，最后的 2 分钟时间，小组讨论一下这个问题，找一找相同点和不同点。

（小组讨论）

教师：关于这个问题，谁可以代表小组发言？你先来。

S24：我觉得……梅子的话，有可能前面真的可以找到梅子；饼的话，你画出来的饼不能变成真的饼。

教师：那么为什么画的饼不能充饥呢？再想想。

S25：相同点就是，它们都是……对自己心灵的安慰。

教师：好，还有吗？

S25：不同点是……梅子只是自己脑海里想出来的，饼是画在纸上能看见的。

教师：哦，这个是脑子里想的，那个是画在纸上的。那画的时候脑子里想了没有？他想没想？脑子里构思这个饼了吗？

S25：也想了。

教师：好，请坐，不过你这个想法是非常有趣的，咱们接下来再一起思考。再来一个，请你说。

S26：我觉得相同点是，它们全都是心理安慰，不真实。然后不同点是，一个是别人说的，一个是画的。

教师：一个是别人说的，一个是自己画的——别人和自己的区别。

S27：我也觉得相同点是它们都是自我安慰。但是不相同的地方是，望梅止渴是付诸行动了，但画饼充饥是坐在那里想。

教师：说得很好，士兵们是不是行动了？他们走起来了，最后找到了水源。画饼充饥呢？什么也没做，他就坐在那里。

S28：望梅止渴就是……你没找到梅子，特别渴的时候，你也无法吃梅子。但是画饼……你特别饿的时候，大不了你可以把你画的那张饼给吃了。（全班大笑）

教师：这是一个不同点，是不是？画饼的可以把纸吃了，纸还可以解饿（笑）。很好，挺有意思的，第一次听到这种说法。好，请你说。

S29：老师，我补充一下。“望梅止渴”故事里，曹操跟你说前面有梅林，你不知道是真的还是假的。但画饼是自己画出来一个假饼，你当然知道它是假的呀。

教师：哦，你找到了这样一个不同点！就是说望梅止渴的时候，你现在还不知道梅子的真假。但是画饼充饥的饼是你自己画的，你肯定知道它是假的。再找一位同学。

S30：望梅止渴，他并不知道前方有没有梅子，所以他是抱着一种有希望的心理。但问题是，画饼充饥，你确实知道这个饼是画上去的，吃不了，所以你不会觉得吃饱了，反而会感觉更饿一点。

教师：画饼充饥没有用，因为我知道它不存在，它没有促使我产生一种希望，它没有成为我前行的动力，是不是？好，请坐。这边还有同学举手。来，请你说。

S31：望梅止渴是在未知的时候给自己安慰；而画饼充饥，他并不能拿到饼，但是他（明明知道）还是骗自己。

教师：一个是未知的情况，而另一个是应该知道的……在明知是假的情况下，我还画饼来安慰自己，是不是？

第五环节　探究总结

教师：好，时间所限，我们说到这吧。刚才大家找到了两者的很多差异。总的来说（指向黑板上记录的学生观点），望梅止渴对我来说是一种希望，是让我前进的动力；但画饼充饥却没有行动，只是停留在想象。其实这节课老师想跟大家聊的话题就是，那些创造出来的虚假的东西，对我们来说也是很重要的，让我们生活在一个丰富的世界中。正确、积极的意识能帮助我们认识事物。消极的意识会阻碍我们对实际情况的分析和了解。在同学们今天的讨论中，我们已经触及了一个非常重要的哲学话题，就是意识的能动作用。好的，这节课就到这里，下课！

教学反思

本节课的授课教师有一定的儿童哲学教学经验，但并没有专业的哲学学科背景。课后研讨时，教师坦承课堂上学生的许多发言自己并没有真正理解。不过，从儿童哲学教师角色来看，教师没有完全理解学生发言的内容，并不妨碍教师承担好探究组织者的角色，只是在扮演促进者和编织者角色时会遇到一些困难。从探究组织的角度来看，本节课是较为成功的，学生之间能互相补充、修正、反驳，并且不断受到前面发言学生的启发，不仅说明了“望梅止渴”和“画饼充饥”的差异，还提出了“聪明的士兵即使知道曹操说谎也不会戳穿”的洞见，这一点让所有听课者都十分惊奇。当然，课堂中也存在小小的缺憾，比如讨论中学生有时并未提出新观点，只是用稍微不同的语言重复了前面发言学生的观点。随着学生参与哲学探究的经验日趋丰富，他们自然会逐渐看到不同措辞背后思想内容的相似性，从而逐渐减少观点雷同的现象。

关于本节课的哲学认识进展，最值得仔细分析的就是关于“聪明的士兵”的讨论。成人读“望梅止渴”故事的时候，经常以曹操为故事的主角，但儿童却颇有创意地从士兵的角度来看问题。确实，“望梅止渴”的计策要成功，不能仅有曹操的智慧，更要以士兵们相信这一谎言为前提。可是，士兵们之中或许也有充满审辩性思维的人，他们会不会怀疑曹操的话呢？从士兵的角度而言，曹操并没有提出非常坚实的证据来证明前面有梅林，不过怀疑者恐怕也无法证实前面一定没有梅林。在两种相反的观点都缺乏证据的时候，一个具有审辩性思维的人应该相信哪一种呢？这时我们也许就需要考虑相信每一种观点所带来的风险和收益。我们可以借鉴博弈论的方法，将每一种信念下的不同后果列出来比较（表12-1）。

表 12-1 “望梅止渴”故事中士兵相信 / 不相信有梅林的后果

信念	前方有梅林或水源	前方既没有梅林也没有水源
相信有梅林	有动力前进，活下来	渴死
不相信有梅林	无动力前进，渴死	渴死

如果前方既没有梅林也没有水源，那么无论相不相信前面有梅林，结果都是一样的。可是，如果前方有梅林或水源呢？这时候，只有相信曹操的“谎言”，才能给自己足够的动力来坚持前行，从而最终得救。因此，在不确定前方到底有没有梅林的情况下，“相信”确实是更有利的选择。从这个例子中我们可以看出，一个拥有审辩性思维的人并不会“怀疑一切”，而是会像学生所说的那样“考虑大局”。因此，很多时候虚假的东西能够起到真实的作用，不仅仅是因为人们“受骗”了，也是因为有些人在看穿谎言后有意地去维系谎言。因此将来再就这一主题进行探究时，教师可以应用语境思维进一步追问：在什么样的情况下应该戳穿谎言，在什么样的情况下应该维系谎言呢？这样就更加强化了本课在关怀性思维与实践智慧方面的目标意识。

后 记

随着儿童哲学教育日渐受到重视，国内许多高校的哲学、教育相关院系纷纷开设以儿童哲学或哲学教育为主题的本科、研究生课程。广大从事儿童哲学教育的教师也迫切感到：除了引进西方的儿童哲学著作，还需要开发一些扎根于中华文化和本土实践、贴近中国儿童与课堂需求的普及性著作。为满足高校师生和中小学及幼儿园的实际需求，厦门大学哲学系南强儿童哲学研究中心基于自 2019 年起开设的儿童哲学本科课程和历年举办儿童哲学暑期学校的理论与实践积累，历经两年时间编写了这样一本案例式教程。

本书由曹剑波、黄睿主编。邓永城（杭州锦绣·育才中学附属学校）、林旭（厦门市翔安区第一实验小学）、汪琼（杭州市余杭区育才小学）、李筱彤等一线教师，以及陈永宝（暨南大学）、张娅（贵州大学）、蔡朋冰（贵州大学）、宋其恩（贵州大学）等学者和研究生参与了本书各章的撰写，并提出了许多中肯的修改意见。西安市曲江第二小学、成都金苹果公学、成都金苹果锦城第一中学附属小学、南京时代双语学校、杭州锦绣·育才中学附属学校、深圳市坪山区同心外国语学校、常州市金坛段玉裁实验小学、厦门市翔安区第一实验小学等学校的师生为本书下篇的教案和课例提供了试教、磨课的宝贵机会。厦门大学哲学系本科生雷歌，硕士生刘培怡，博士生合斯来提·木合太尔、朱竟榕和林杰全程参与了本书的编写和校对工作。本书由曹剑波审读、修改及定稿。陈冰彬、季崇楚两位编辑从本书的定位、命名、篇章结构和文字表述等各方面都提出了非常细致而专业的修改意见。本书的成功编写，也离不开厦门大学哲学系及朱子学会的领导对儿童哲学事业的大力支持。

除编者页标注的基金项目外，本书还得到了以下课题项目的资助和支持，在此对各立项单位和评审专家表示感谢：

（1）厦门大学首批“十四五”精品教材建设项目；

（2）厦门大学揭榜挂帅一般项目“哲学专业本科生‘全方位践行力’培养研究”；

（3）厦门大学“研究生课程教学方式方法创新”教改重点项目揭榜挂帅项目；

（4）厦门大学教学改革研究项目本科教育项目“儿童哲学的创新创业”（项目编号：JG20210303）；

（5）福建省教育科学“十四五”规划课题“儿童哲学在小学心理健康课中的应用研究”（立项批准号：FJJKZX23-176）；

（6）福建省海峡博士后交流资助计划“庄子儿童哲学研究”（项目编号：2022B001）；

（7）深圳市教育科学规划课题“基于中华传统文化的儿童哲学课程研究”（立项编号：bskt21006）

（8）中盐金坛盐化有限责任公司横向项目“贤文化与儿童哲学”；

（9）南京时代双语学校横向项目“儿童哲学课程研发（小学3-5年级）”；

（10）江苏宏德文化出版基金会资助的“厦门大学全球汉语儿童哲学理论与实践暑期学校”项目。

本书中不少教学理念和思维工具是对广大儿童哲学教育者长期

积累的实践智慧的总结，在此向他们一并表示感谢和敬意。

最后，感谢为哲学课堂贡献了奇妙想象、美好情感与精彩观念的孩子们——是你们的好奇、追问与思考，让儿童哲学教育不断前进。

本书编者

2024 年 5 月于厦门大学芙蓉湖畔